Die Oder und die Ostseeküste

JPMGUIDES

INHALT

Symbol der Ostsee: Bernstein

Richtung Oder und Ostseeküste

- 3 Berlin, Potsdam und Havel
- 23 Zwischen Spandau und Oderberg
- 27 Die Oder
- 30 Oderaufwärts: Hohensaaten bis zur Quelle
- 40 Oderabwärts: Oderberg bis zur Ostsee (Mündung)
- 47 Die Ostseeküste

61 Ein Blick in die Küche

62 Einkaufsbummel

63 Praktische Hinweise

64 Register

Extras

- 22 Havel-Oder-Wasserstraße »HOW«
- 24 Lift für dicke Pötte
- 31 Spreewald
- 41 Nationalpark Unteres Odertal
- 45 Woliński Park Narodowy

Karten und Pläne

- 13 Berlin – Charlottenburg
- 18 Potsdam
- 21 Havelland um Berlin

Faltkarte

Berlin – Zentrum
Stettin (Szczecin)
Breslau (Wrocław)
Vorpommersche Ostseeküste
Oder-Unterlauf

Das Berliner Ampelmännchen

Die Kreidefelsen von Rügen

Herrliche Naturparks

Polnischer Volksmusikant

BERLIN

POTSDAM
HAVEL

Ständig in Bewegung

Berlin ist die Stadt der Superlativen: hier gibt es mehr Museen als Regentage, das größte Kaufhaus Europas, das höchste Gebäude Deutschlands. Berlin ist die Stadt, die niemals schläft. Im Gegensatz zu anderen Städten gibt es in der Spree-Metropole keinen Zapfenstreich – eine große Anzahl der Restaurants, Bars und Kneipen können in vielen Stadtteilen rund um die Uhr besucht werden.

Doch nicht nur wegen des legendären Nachtlebens, der attraktiven Shoppingmöglichkeiten und des vielfältigen Kulturangebots kommen Millionen Besucher (im Jahr 2012 waren es 11 Mio.) in die Hauptstadt. Es ist vor allem die einzigartige Geschichte, die Touristen fasziniert. Mehr als jede andere Stadt Europas verkörpert Berlin die gewaltigen Veränderungen am Ende des 20. Jh. Die Trennung in zwei Stadthälften hat deutliche Spuren hinterlassen. Aus den Denkmälern sind zum Teil Kunstwerke entstanden, wie die East Side Gallery: Mit 1316 m ist das längste erhaltene Stück der Berliner Mauer gleichzeitig die längste Open-Air-Galerie der Welt. 118 Künstler aus 21 Ländern haben die historische Steinmauer mit verschiedenen Motiven bemalt.

Damit beweist die Metropole wieder einmal, wie multikulturell sie ist. Zu den rund 3,5 Millionen Einwohnern zählen knapp eine halbe Millionen Bürger mit fremdländischem Pass. Kein Wunder, dass keine andere deutsche Stadt mit einer so reichen kulinarischen Vielfalt aufwarten kann. Rund 6500 Restaurants und 2800 Imbisse gibt es in Berlin.

Der Bauboom der 1990er-Jahre, der nach der Wiedervereinigung einsetzte, geht weiter. Bestes Indiz ist der Potsdamer Platz: Während der Mauerjahre trostloses Niemandsland, hat er sich zu einem faszinierenden Geschäfts- und Vergnügungszentrum gewandelt. Die zentralen östlichen Stadtteile Mitte, Friedrichshain und Prenzlauer Berg bringen hingegen mit Boutiquen, Kunstgalerien und Restaurants etwas vom Ambiente der »Golden Zwanziger« zurück.

Wer Berlin aus einer anderen Perspektive erleben möchte, kann die Stadt auch auf den 180 km langen schiffbaren Wasserwegen per Boot entdecken.

Neben Sehenswürdigkeiten ist auch ein Gespräch mit einem waschechten Berliner ein Erlebnis: Trotz stürmischer Zeiten hat er sich seinen schlagfertigen Witz, die sprichwörtliche »Berliner Schnauze«, erhalten.

GESCHICHTLICHER ÜBERBLICK

13.–16. Jh.
Die Siedlungen Cölln und Berlin vereinigen sich 1307. Die Stadt bleibt mehr oder weniger reichsunabhängig, bis Kurfürst Friedrich II. von Brandenburg sie 1447 unterwirft. Während der Reformation bringen die Berliner ihren Kurfürsten dazu, sich den Lehren Luthers anzuschließen.

17.–18. Jh.
Die Stadt hat unter dem Dreißigjährigen Krieg zu leiden. Friedrich Wilhelm (1640–88), der Große Kurfürst, träumt von einer Vereinigung Brandenburgs und Preußens. Aus Wien geflohene Juden und Hugenotten aus Frankreich tragen zur weltstädtischen Bevölkerung bei. Friedrich I. krönt sich 1701 selbst zum preußischen König. Friedrich Wilhelm I., sein Nachfolger, macht sich als »Soldatenkönig« und mit »Preußentum« einen Namen. Sein Sohn Friedrich II., der Große (auch der »Alte Fritz«), vergrößert das Reich durch Einverleibung von Teilen Österreichs und Polens.

19. Jh.
Napoleon reitet 1806 als Sieger durch das Brandenburger Tor in Berlin ein. Preußen verliert die Hälfte seines Staatsgebiets. Nach Napoleons Niederlage im Krieg von 1813–15 wird es als Großmacht wiederhergestellt. 1848 wird ein Arbeiteraufstand niedergeschlagen. Mit Preußens Sieg im Deutsch-Französischen Krieg von 1870/71 findet die Reichsgründung unter Bismarck, dem »Eisernen Kanzler«, ihren Abschluss; Berlin wird Reichshauptstadt.

20.–21. Jh.
Nach dem 1. Weltkrieg versucht die Weimarer Republik erfolglos, Rezession und Arbeitslosigkeit zu überwinden; 1932 ist die NSDAP Wahlsieger. 1933 wird Hitler Reichskanzler. Der Zweite Weltkrieg fängt im September 1939 mit dem Angriff auf Polen an und endet mit der Kapitulation Deutschlands am 7. Mai 1945. Im Potsdamer Abkommen legen Churchill, Truman und Stalin den Viermächtestatus Berlins fest. Mit einer Blockade versucht die UdSSR 1948, Westberlin in Ostdeutschland einzubeziehen, doch das verhindert die Luftbrücke der Alliierten. Der DDR-Aufstand wird 1953 mithilfe sowjetischer Truppen niedergeschlagen. 1961 lässt die DDR die Mauer errichten, um den Flüchtlingsstrom zu stoppen, sie fällt im November 1989. Berlin ist wieder vereint, es beginnt eine kolossale Bauphase des heutigen Berlin! Im April 1999 wird der neue Reichstag eröffnet, 5 Monate später sitzt der Bundestag wieder in Berlin. Im Mai 2007 wird der ingeniöse Berliner Hauptbahnhof eingeweiht. Der neue Flughafen Berlin Brandenburg »Willy Brandt« soll zwischen 2014 und 2015 endlich eröffnet werden.

Sehenswürdigkeiten

Wer in Berlin viel sehen möchte, sollte seinen Besuch gut vorbereiten. Mit etwa 180 Museen und Sammlungen, abwechslungsreichen Einkaufsmöglichkeiten und grünen Oasen, wie dem Tierpark und dem Zoologischen Garten, bietet die Stadt mannigfaltige Quartiere.

Zentrum

Jahrzehnte der Teilung hatten Berlins historisches Herz zum Niemandsland gemacht. Mit dem Fall der Mauer kehrte Leben in die Stadt zurück.

Die Quadriga auf dem **Brandenburger Tor**, das 1788–91 durch Carl Gotthard Langhans errichtet wurde, gilt als Wahrzeichen der Stadt. Napoleon hatte die geflügelte Siegesgöttin 1806 als Kriegstrophäe erbeutet. Erst acht Jahre später wurde sie nach Berlin zurückgebracht. Seither heißt sie im Volksmund auch Retourkutsche. Nach 1933 hielten die Nationalsozialisten hier ihre Fackelmärsche ab. Durch den Kalten Krieg und den Bau der Mauer stand das Tor dann in Ostberlin – ein einsames Sinnbild der geteilten Stadt. Als der Zugang im Dezember 1989 für Fußgänger erneut eröffnet wurde, erfüllte sich der Traum der langersehnten Wiedervereinigung.

Etwas weiter nördlich steht der **Reichstag**, 1884 von Paul Wallot entworfen, mit der Inschrift »Dem Deutschen Volke« versehen. Er hat den Brand von 1933 und den Zweiten Weltkrieg überstanden und schon zehn Jahre nach dem Fall der Mauer konnte der Bundestag 1999 das renovierte Gebäude wieder beziehen. Publikumsmagnet ist die vom britischen Architekten Norman Foster geschaffene **Glaskuppel,** in der man über spiralförmige Rampen an Höhe gewinnt und bald rundherum einen wunderschönen Rundblick genießen kann. Ein absolutes Must, ist auch abends sehr schön.

Südlich des Reichstags wurde 2012 das **Denkmal für die im Nationalsozialismus ermordeten Sinti und Roma Europas** eingeweiht, ein Werk des israelischen Künstlers Dani Karavan. Das ergreifende Mahnmal besteht aus einem runden Wasserbecken mit schwarzem Grund.

2005 wurde das **Denkmal für die ermordeten Juden Europas** südlich des Brandenburger Tors eingeweiht. Das friedhofartige Feld mit 2711 grauen Betonstelen wurde vom Amerikaner Peter Eisenman entworfen. Die Fläche von 19000 m² bietet unterirdisch viel Platz für eine Ausstellung und den »Ort der Information«.

Das Brandenburger Tor ist das bekannteste Wahrzeichen Berlins und Symbol für die wechselvolle Geschichte der Stadt.

Der **Potsdamer Platz** war schon in den 1920er-Jahren einer der belebtesten Stadtteile. Heute rivalisieren hier unkonventionelle Glasbauten; Stararchitekten und Immobilienmakler wählten als die künftigen Merkmale des 21. Jh. extreme Linien aus, wie zum Beispiel das Sony Center oder das Daimler Areal mit Kinos, Einkaufszentren, Kasinos und Hotels. Auch Bürotürme und Wohnblocks schießen aus dem Boden. Nicht von ungefähr passt **Dalí – Die Ausstellung am Potsdamer Platz** mit 450 Exponaten des exzentrischen Spaniers gut in das quirlige Quartier.

Unter den Linden

Der Boulevard Unter den Linden, der vom Brandenburger Tor nach Osten verläuft, entwickelte sich rasch zu Berlins Prachtallee, bis sie im Zweiten Weltkrieg fast in Schutt und Asche zerfiel. Seither wurden neue Linden angepflanzt und viele Baudenkmäler wieder aufgebaut. Westlich der Kreuzung mit der Friedrichstraße reihen sich Banken, Ministerien, Botschaften und Luxushotels. Seit 2008 kann man bei **Madame Tussauds** nahe dem Brandenburger Tor mit den Wachskopien deutscher Berühmtheiten in Tuchfühlung gehen.

Das Prinz-Heinrich-Palais ist das Hauptgebäude der 1810 gegründeten **Humboldt-Universität**, zu deren Professoren und Studenten die Gebrüder Grimm, Hegel, Marx und Einstein zählten.

Gegenüber liegt der Bebelplatz, den die Barockfassade der **Alten Bibliothek**, die klaren klassischen Linien der **Staatsoper Unter den Linden** Georg von Knobelsdorffs und der runde Kuppelbau der katholischen **St.-Hedwigs-Kathedrale** umschließen.

Vom Bebelplatz in südlicher Richtung ist es nur ein kurzer Weg zum **Gendarmenmarkt**, einem der am erfolgreichsten restaurierten Teile der Stadt. Der Platz ist von zwei barocken Gebäuden aus dem 18. Jh. gerahmt: an der Nordseite vom **Französischen Dom**, der für die nach Berlin geflohenen Hugenotten errichtet wurde, an der Südseite vom **Deutschen Dom**. Das **Schiller-Denkmal** (1868) aus Carrara-Marmor in der Mitte zeigt den Dichter umringt von den Musen der Poesie, des Schauspiels, der Geschichte und der Philosophie. Es erhebt sich vor Carl Friedrich Schinkels – ehemaliger Architekt und Stadtplaner von Berlin und Vater des Klassizismus in Preußen zu Beginn des 19. Jh. – elegantem Schauspielhaus, dem heutigen **Konzerthaus**.

Geht man vom Bebelplatz Unter den Linden entlang Richtung Osten weiter, kommt man zu der mit einem dorischen Säulengang versehenen **Neuen Wache**, die Schinkel in klassizistischem Stil entwarf.

Das elegante **Zeughaus** gleich daneben, Berlins erstes Barockgebäude, wurde 1695 von Johann Nering entworfen und beherbergt das **Deutsche Historische Museum**.

Im 19. Jh. geschaffene Statuen von Kriegern und Siegesgöttinnen zieren die **Schlossbrücke**, die Unter den Linden mit der Karl-Liebknecht-Straße und der Spreeinsel verbindet.

Der einstige Palast der Republik auf dem **Schlossplatz** wurde abgerissen. An seiner Stelle soll ab 2014 das im Zweiten Weltkrieg zerstörte Berliner Stadtschloss als »Humboldt-Forum« mit orginalgetreuen Fassaden wieder aufgebaut werden.

Der pompöse neubarocke **Berliner Dom** (1894–1905 erbaut) birgt in seiner Gruft 94 Sarkophage der Hohenzollern. Einen schönen Ausblick genießt, wer die 270 Stufen zur Kuppel hinauf erklimmt.

Museumsinsel

Im nördlichen Teil der Spreeinsel finden Sie Berlins ältesten Museenkomplex (UNESCO-Welterbe); einige der Bauten sind architektonische Schmuckstücke. Ein Masterplan sieht vor, die fünf Museen unterirdisch miteinander zu verbinden.

Das **Alte Museum** gilt als Schinkels schönster Bau. Das gewaltige Gebälk der Fassade ist von 18 Säulen gestützt.

Das unter der Leitung des Briten David Chipperfield wieder aufgebaute und 2009 eröffnete **Neue Museum** beherbergt die einquartierte ägyptische Sammlung der Stadt Berlin. Es handelt sich dabei um eine der größten Sammlungen außerhalb Ägyptens. Zu den Glanzstücken gehören die Büste der Königin Nofretete (1340 v. Chr.) und der nach seiner Gesteinsfarbe benannte *Berliner Grüne Kopf* (500 v. Chr.).

Das **Pergamonmuseum** mit antiker, islamischer und vorderasiatischer Kunst ist nach seinem bekanntesten Besitz benannt, dem monumentalen hellenistischen Pergamonaltar (2. Jh. v. Chr.) aus der Türkei. Ebenso eindrucksvoll sind das leuchtend blaue Ischtar-Tor und die babylonische Prozessionsstraße mit Reliefs von Löwen und Fabelwesen (6. Jh. v. Chr.). Im Südflügel ist die mit filigranen Tier- und Pflanzendarstellungen verzierte Fassade des Mschatta-Wüstenpalastes (8. Jh.) aus dem Gebiet des heutigen Jordanien zu bewundern.

In der **Alten Nationalgalerie**, einem klassizistischen Tempel von 1876, werden bedeutende Kunstwerke des 19. Jh. gezeigt, u. a. von Caspar David Friedrich, Menzel, Liebermann, Feuerbach, Böcklin, aber auch Cézanne, Manet und Rodin.

Am nördlichsten Punkt der Insel lädt das **Bode-Museum** zu einem Rundgang durch die Skulpturensammlung, das Museum für Byzantinische Kunst, das Münzkabinett und eine Abteilung der Gemäldegalerie ein.

Alexanderplatz und Nikolaiviertel

Ein seltsamer Anblick bietet sich östlich der Museumsinsel: ein weitläufiges Gelände mit dem hoch aufragenden Fernsehturm, eine schlichte gotische Kirche und gegen Südosten ein rotes italianisiertes Bauwerk. Betrachter befinden sich in der Nähe des »Alex'«, wie die Berliner seit je den **Alexanderplatz** nennen, der einst das unbestrittene Herz der Stadt war.

Die **Marienkirche** aus dem 13. Jh. ist eines der wenigen Gebäude, das der schonungslosen Nachkriegsmodernisierung entging. Das **Rote Rathaus** – heute wieder Sitz des Bürgermeisters – verdankt seinen Namen der Farbe des Steins. Der **Fernsehturm** übertrumpft den Eiffelturm um 65 m, und in seiner Kugel (auf 205 m Höhe) gibt es ein Drehrestaurant.

Südlich des Alexanderplatzes kommen Sie ins **Nikolaiviertel**, das sich um Berlins älteste Pfarrkirche schart. Nach umfassender Sanierung steht die mit Zwillingstürmen bestückte **Nikolaikirche** (1230) den Besuchern erneut offen. Das Viertel erfuhr eine grundlegende Erneuerung. Zu den wieder erstandenen Bauten zählen die Kneipe **Zum Nussbaum** sowie das **Ephraimpalais** im Rokokostil. Vom Krieg verschont blieb auch das renovierte **Knoblauchhaus** (1835).

Rund um den Tiergarten

Als Ergebnis der früheren Teilung besitzt Berlin zwei Tiergärten, den **Tierpark** mit über 25 000 Tieren in den Freigehen des **Zoologischen Gartens** und Eingang gegenüber des gleichnamigen Bahnhofs – sowie die angrenzenden, ausgedehnten Parkanlagen des **Tiergartens** mit Bootsteichen und Denkmälern, die sich bis zum Reichstag quer durch die Stadt ziehen. Ursprünglich ein Wald, in dem die Hohenzollernkönige Hirsche und Wildschweine jagten, ist der Park heute ein Ort der Erholung, er gehört zu Berlin Mitte.

Beim Bahnhof Zoologischer Garten ist im **Museum für Fotografie**, das auch den Nachlass des in Berlin geborenen und weltberühmten Fotografen Helmut Newton zeigt.

Die in der Mitte des Tiergartens am Großen Stern aufragende **Siegessäule** wurde 1873 als Denkmal für die preußischen Siege über Dänemark, Österreich und Frankreich errichtet.

Schloss Bellevue (18. Jh.) nördlich des Parks dient jetzt dem Bundespräsidenten als Amtsitz.

Von hier bis zum Reichstag erstreckt sich in östlicher Richtung seit 2001 das **Regierungsviertel**. Man nennt die aneinandergereihten Hightech-Bauten das »Band des Bundes«. Links über der Spree das Bundeskanzleramt, dann das »Paul-Löbe-Haus«, welches rechts über der Spree mit dem »Marie-Elisabeth-Lüder-Haus« verbunden ist. Im Hintergrund kann man vielleicht nördlich des Spreebogens den Glasbau des **Hauptbahnhofs** erkennen. Im Vordergrund steht das **Haus der Kulturen der Welt**, auch die »Schwangere Auster« genannt; es dient als Zentrum für Kunst-, Musik- und Theatervorstellungen aus aller Welt.

Südlich der Siegessäule befindet sich das **Bauhaus-Archiv**. Die Sammlung zeigt Bauhaus-Kreationen und erläutert die Geschichte der 1919 gegründeten und 1933 von den Nationalsozialisten aufgelösten Schule für Kunst und Architektur.

Das **Kulturforum** in der Südostecke des Tiergarten und in der Nähe des Potsdamer Platzes ist ein Komplex aus Museen, deren Schätze man tagelang bewundern kann. Dazu gehört die von Mies van der Rohe aus Glas und schwarzem Stahl gestaltete **Neue Nationalgalerie**. Sie zeigt Wechselausstellungen moderner Kunst sowie eine Dauerausstellung; die Sammlung zur europäischen Malerei und Bildhauerei des 20. Jh. umfasst Werke deutscher Expressionisten, Arbeiten der Künstlergruppen »Brücke« und »Blauer Reiter«, Gemälde von Otto Dix und George Grosz.

Im **Kunstgewerbemuseum** (bis 2014 geschlossen) mit Sammlungen vom Mittelalter bis zur Gegenwart finden Sie u. a. den berühmten »Welfenschatz«, das »Lüneburger Ratssilber« sowie Porzellan, Keramik und Mobiliar aus der Renaissance bis zum Jugendstil und Art déco. In der »Neuen Sammlung« sind Bauhaus-Möbel, moderne Keramik und Schmuck zu sehen.

Die Sammlungen europäischer Kunst aus dem 13. bis 18. Jh. der **Gemäldegalerie** zählen zu den bedeutendsten der Welt. Schwerpunkt ist die altdeutsche und niederländische Malerei. Zu den Schätzen gehören u.a. Werke von Altdorfer, Cranach, Vermeer und van Eyck.

Weiter gehört auch die **Staatsbibliothek** zum Kulturforum, es werden hier Ausstellungen und Konzerte veranstaltet.

Der 1963 eingeweihte und von Hans Scharoun entworfene Bau der **Philharmonie** ist mit seinen zeltförmigen Umrissen ein Vorgänger des modernen Berlin vom 21. Jh.; er passt 50 Jahre später noch ausgezeichnet zu den Glasbauten des nahen Potsdamer Platzes. Das ockerfarbene Gebäude ist die Heimstatt der weltberühmten **Berliner Philharmoniker**.

Charlottenburg

Hauptader und Flaniermeile des Ortsteils Charlottenburg ist der berühmte **Kurfürstendamm**, an dem sich schicke Läden, Restaurants, Kunstgalerien, Theater und Kinos aneinanderreihen. Nördlich des »Ku'damms«, wie ihn die Berliner nennen, wird am **Savigny-Platz** in Lokalen mit internationaler Kost für Ihr leibliches Wohl gesorgt.

In der nahen Fasanenstraße Nr. 24 ist das Käthe-Kollwitz-Museum untergebracht.

Der »Ku'damm« beginnt am **Breitscheidplatz**, Nähe Bahnhof Zoologischer Garten. Der Platz ist ein ausgesuchter Ort, um Straßenkünstlern rund um Joachim Schmettaus **Weltkugelbrunnen** zuzusehen. Hier stehen auch die Überreste der **Kaiser-Wilhelm-**

Gedächtniskirche, sie wurde als mahnende Erinnerung der Zerstörung der Stadt während des 2. Weltkriegs stehen gelassen. Die moderne achteckige Kirche Egon Eiermanns neben dem Turmstumpf bildet einen starken Kontrast; ins Innere fällt durch Buntglasfenster blaues Licht.

Hinter der Kirche erhebt sich zwischen Tauentzien- und Budapester Straße das von einem Mercedes-Stern gekrönte **Europa-Center**. Das Hochhaus beherbergt zahllose Geschäfte, ein Hotel, ein Spielkasino, ein Kabarett, Diskos, Cafés und Restaurants. Von den »Berlin Windows« im 20. Stock genießt man eine herrliche Aussicht.

Das traditionsreiche Berliner Einkaufsparadies **KaDeWe** (Kaufhaus des Westens) in seiner Form das größte Europas. Es ist mit seinen 60 000 m² Verkaufsfläche so groß wie vier Fussballfelder. 1907 wurde es eröffnet, 1950 nach erheblichen Kriegsschäden ein zweites Mal. Zum Geburtstag der 100-jährigen Dame wurden die 7 Etagen 2007 renoviert und neu eingerichtet.

Das sorgfältig restaurierte **Schloss Charlottenburg** im Osten des Stadtteils ist ein repräsentatives Beispiel für Architektur und Dekor des preußischen Barocks und Rokokos und heute das einzige große Hohenzollernschloss der Stadt. Es wurde 1695 als Sommerresidenz für Sophie Charlotte, Gemahlin des späteren Königs Friedrich I., erbaut und war die bevorzugte Berliner Unterkunft Friedrichs des Großen, wenn er sein geliebtes Potsdam verlassen musste.

Glanzvollstes Werk im Knobelsdorff-Flügel ist die **Goldene Galerie** mit grünem Marmor. Sie führt in das Konzertzimmer, wo acht Gemälde von Antoine Watteau hängen. Der Schlosspark vereint englisch französische mit »natürlicher« englischer Gartenarchitektur.

Im westlichen Stülerbau gegenüber dem Schloss ist das **Museum Berggruen** untergebracht. Nach Renovationsarbeiten ist die bedeutende Sammlung des 2007 verstorbenen Berliners Heinz Berggruen endlich wieder zugänglich, darunter Werke von Paul Klee, Henri Matisse und Alberto Giacometti.

Unmittelbar daneben widmet sich das **Bröhan-Museum** mit einer Sammlung von Mobiliar, Tafelsilber und Glaswaren den Stilrichtungen Jugendstil, Art déco und Funktionalismus. Im östlichen Stülerbau kann man die **Sammlung Scharf-Gerstenberg** besichtigen, die mit Werken von Surrealisten und deren Vorläufern (Goya, Piranesi, Dalí, Magritte) beeindruckt.

Kreuzberg

Künstler, Studenten sowie die größte türkische Gemeinde außerhalb der Türkei haben sich im Szeneviertel Kreuzberg niedergelassen. In diesem Stadtteil liegt das sehenswerte **Jüdische Museum**, geschaffen von Daniel Libeskind. Die ständige Ausstellung zeichnet mit Kunst, Gegenständen, Fotografien und Dokumenten die Geschichte des jüdischen Lebens in Berlin und in Deutschland.

Die **Berlinische Galerie** ist eines der experimentierfreudigsten Museen der Stadt. Hier wird in Berlin entstandene Kunst von 1870 bis heute gezeigt.

Prenzlauer Berg

Ostberlins ehemaliges Arbeiterviertel Prenzlauer Berg, gemeinhin »Prenzlberg« genannt, ist heute ein Musterbeispiel für die weltoffene Lebensweise der Stadt. Beginnen Sie Ihren Rundgang bei der avantgardistischen

---

Berlins Kaufhäuser und Einkaufsmeilen

Beliebt ist das Einkaufsgebiet rund um den Kurfürstendamm in Charlottenburg, das mehrere Seitenstraßen umfasst: Meinecke-, Uhland-, Knesebeck-, Bleibtreu- und Fasanenstraße – die eleganteste von allen. Hier findet man Kunst- und Antiquitätengalerien, modische Boutiquen und prunkvolle Einkaufsarkaden. An der Tauentzienstraße liegt das **KaDeWe**, der berühmteste »Einkaufstempel« Berlins. Wer auf der Suche nach Einrichtungs- und Gebrauchsgegenständen in edlem Design ist, wird im **stilwerk** an der Kantstraße 17 fündig, einer luxuriösen Einkaufsgalerie mit rund 60 Geschäften. In Berlin-Mitte bietet die legendäre Friedrichstraße eine Vielfalt an Einkaufsmöglichkeiten. Passenderweise an der Ecke zur Französischen Straße steht die gläserne Niederlassung des Pariser Kaufhauses **Galeries Lafayette** von Jean Nouvel, die u.a. mit einer französischen Gourmetabteilung lockt. Nach Süden schließt sich als Teil der Friedrichstadt-Passagen der spektakuläre **Departmentstore Quartier 206 (DSQ206)** an, ein pompöses Werk des New Yorkers Henry Cobb, wo exklusive internationale Design- und Trendlabels angeboten werden. Eine interessante Mischung aus Kunst und Kommerz findet man in den **Hackeschen Höfen** und den angrenzenden Straßen, Oranienburger-, August- und Rosenthaler Straße. Groß geschrieben wird Shopping auch am Alexanderplatz mit der edlen **Galeria Kaufhof** und **ALEXA** sowie am Potsdamer Platz mit den modernen **Potsdamer Platz Arkaden**.

Volksbühne am Rosa-Luxemburg-Platz. Nördlich davon sind viele der Bauten rund um die **Schönhauser Allee** saniert worden.

Auf dem **Jüdischen Friedhof** haben u. a. Max Liebermann, Giacomo Meyerbeer und Leopold Ullstein ihre letzte Ruhestätte.

Die **Kulturbrauerei,** ein roter Backsteinbau, wurde in einen Veranstaltungsort mit Kino, Theater, Galerien und Räumen für Anlässe umgestaltet; es gibt mehrere Eingänge, zwei davon seitens der Knaackstraße und der Schönhauser Allee. Knapp 1 km nördlich, in der Nähe der S-Bahn Station Schönhauser Allee, steht die **Gethsemane-Kirche**, sie war 1989 Mittelpunkt der »revolutionären« Aktivitäten zur Umgestaltung der DDR.

Der **Kollwitzplatz** östlich des Friedhofs, benannt nach der Bildhauerin Käthe Kollwitz (Kollwitz-Museum in Charlottenburg) hat sich in ein trendiges Gegenstück zum Savignyplatz entwickelt. Italienische, griechische, elsässische und russische Restaurants verleihen ihm und der Umgebung ein kosmopolitisches Gepräge. In den Seitenstraßen schießen Galerien und Ateliers aus dem Boden.

Die wichtigste Ostberliner **Synagoge** befindet sich in der Rykestraße 53 in einem Hinterhof.

Potsdam

Die Hauptstadt Brandenburgs liegt südwestlich von Berlin, von einem Hauptbahnhof zum andern sind es weniger als 40 Minuten. Mit seinen herrlichen, von Parks und Seen umgebenen Schlössern ist Potsdam das Sinnbild einer glanzvollen Epoche in der preußischen Geschichte. Die vom Soldatenkönig Friedrich Wilhelm I. im 18. Jh. gegründete Garnisonsstadt wurde von Friedrich dem Großen in eine Oase der Kunst und Kultur verwandelt. **Schloss Sanssouci**, von ihm liebevoll zum »deutschen Versailles« ausgebaut und ist nach wie vor die Hauptattraktion der Stadt.

Der **Park Sanssouci** dehnt sich westlich des Stadtzentrums aus. Friedrich der Große baute sich hier ein Palais, in dem er der Musik, Kunst und Philosophie frönen konnte, ohne Sorge – *sans souci* – um die Staatsgeschäfte.

Der Architekt Georg von Knobelsdorff schuf 1745 anhand von Entwürfen des Königs eine prachtvolle Rokokoresidenz, die mit ihren terrassierten Weingärten und den ausgedehnten Parkanlagen eine harmonische Einheit bildet. In der Rotunde im Ostflügel befindet sich die **Zedernholz-Bibliothek**, wo des Königs persönliche Sammlung untergebracht war – mehr als 2000 Bücher, alle in französischer Sprache. Im festlichen **Marmorsaal** unterhielt man sich bei den »philosophischen Essen« ebenfalls auf Französisch, und der Schriftsteller und Philosoph Voltaire war in den Jahren 1750–53 ein Dauergast in Sanssouci. Das Schloss umfasst mit seinen englischen und französischen Gartenanlagen eine Fläche von insgesamt rund 300 ha.

In Friedrichs **Bildergalerie** östlich des Palais findet man flämische und italienische Meisterwerke von Van Dyck, Rubens, Caravaggio und Guido Reni. Südwestlich der Rebberge steht das am Eingang mit vergoldeten Palmen und Figurengruppen verzierte **Chinesische Haus**, ein goldener Mandarin thront auf dem Pagodendach. Das riesige **Neue Palais** am westlichen Ende der Hauptallee ließ Friedrich II. nach dem Siebenjährigen Krieg als ein Symbol preußischer Macht errichten. Werfen Sie einen Blick auf **Schloss Charlottenhof**, die **Römischen Bäder** und besonders die **Orangerie**.

Potsdams wunderschöne, ausgedehnte Schloss- und Parkanlagen gehören seit 1990 zum Weltkulturerbe der UNESCO, daneben rühmt sich Potsdam seiner barocken Altstadt.

Karl Friedrich Schinkels **Nikolaikirche** mit ihrer gewaltigen Kuppel am Altmarkt wurde neu aufgebaut, sie dominiert das rekonstruierte **Alte Rathaus** aus dem 18. Jh. In der Nähe trägt das **Knobelsdorff-Haus** von 1750 den Namen seines Baumeisters.

Die Hauptachse des alten Potsdams ist die **Brandenburger Straße** mit einigen Gebäuden aus dem 18. Jh. Sie führt zum **Brandenburger Tor** (1770), das 21 Jahre vor seinem berühmteren Berliner Gegenstück entstand.

Vom **Stadtschloss** aus dem 17. Jh. sind nur die Stallungen entlang der Breiten Straße geblieben; sie beherbergen nun das Filmmuseum. Für den neuen **Brandenburger Landtag** mit der historischen Schlossfassade auf dem früheren Schlossgelände erfolgte 2010 der erste Spatenstich, 2014 sollen die Arbeiten beendet sein.

1734–40 ließ Friedrich Wilhelm I. in der Mittelstraße und Umgebung das **Holländische Viertel** errichten; Die Holländer sind längst weg, und an ihrer Stelle kamen Künstler. Die rund 130 Häuser bilden heute eines der reizvollsten Wohnviertel; in den Innenhöfen verbergen sich hübsche Gartenlokale. Der Markt am Bassinplatz bietet viele heimische Produkte.

Das zweite »Ausländerviertel« in Potsdam ist die **Kolonie Alexandrowka**. Sie wurde von Friedrich Wilhelm III. im Norden für die Veteranen der Napo-

Blick auf die barocke Fassade des Neuen Palais im Park Sanssouci.

leonischen Kriege und zu Ehren Zar Alexanders I. erbaut. Einige Nachkommen leben noch heute in den Holzhäusern und beten in der von Zwiebelkuppeln gekrönten russisch-orthodoxen Alexander-Newski-Kirche.

Im Norden Potsdams liegt im Neuen Garten nahe des Jungfernsee das **Schloss Cecilienhof**. In diesem Landschloss kamen Stalin, Truman und Churchill zusammen, um 1945 das Potsdamer Abkommen auszuhandeln, in dem die Teilung Deutschlands und die Kriegsreparationen festgelegt wurden. Das von Efeu umrankte Haus ist als Museum und Hotel erhalten.

Am Ufer des Tiefer Sees rückt das moderne **Hans-Otto-Theater** mit den roten Dächern ins Blickfeld. Gottfried Böhm hat den fünfstöckigen Bau entworfen; nach dreijähriger Bauzeit wurde er 2006 eingeweiht.

Der **Filmpark Babelsberg** eignet sich für einen Tagesausflug: es gibt Stunt-Shows, Vorführungen mit Tieren vor der Kamera, ein 4D-*action*-Kino und Spielplätze. Man kann auch an Führungen der Studios teilnehmen.

Potsdam ist idealer Ausgangspunkt für Ausflüge auf den vielen Wasserwegen der Havel, aber auch Seen und Kanälen rundherum.

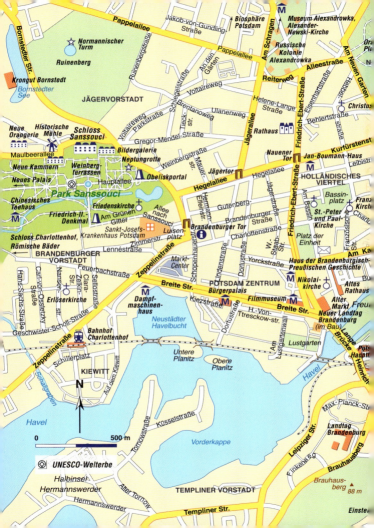

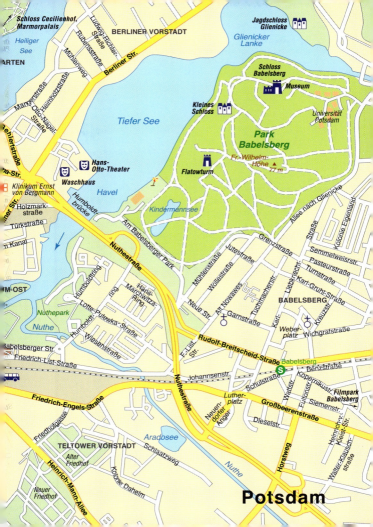

Auf der Havel

Nach Verlassen der Stadt Potsdam wogen Sie entweder auf der **Potsdamer Havel** in Richtung Paretz und erreichen den Norden des Stadtkreises Berlin über den **Havelkanal** bei Henningsdorf, oder Sie fahren auf dem **Tiefer See** in Richtung Norden; an der Glienickerbrücke öffnet sich die Potsdamer Havel auf den **Jungfernsee**, wo sie mitten im See bei km 17 auf die **Untere Havelwasserstraße** trifft und hier als Potsdamer Havel endet.

In Richtung Spandau geht es auf der Unteren Havelwasserstraße weiter, an der Pfaueninsel vorbei; links liegt der Ort Kladow und auf der rechten Seite erstreckt sich bald die 3 km lange Bucht des **Großen Wannsees**. Entlang der »Kladower Seenstrecke« ziehen links die schicken Wohnquartiere von Gatow, Grünflächen und Badewiesen vorbei. Rechts schneidet die bewaldete Landschaft Stadtteile Berlins von der Havel ab. In **Pichelsdorfer Gemünd** wird es bedeutend enger, von hier sind es nur noch 2 km bis zum Südhafen von Spandau. Häuserblocks vermehren sich, die Stadt rückt näher. Vom Südhafen Spandau sind es nochmals 2 km bis zum Zusammenfluss von Havel und Spree; hier endet nach 34,9 km die Untere Havelwasserstraße, hier ist km 0!

Spandau

Dieser selbstbewusste alte Stadtteil Berlins nordwestlich des Zentrums, zählt zu den ländlich geprägten Orten, wenn man die eben zurückgelegte Strecke richtigerweise zur Stadt zählt. Spandau zieht seine Grenzen im Süden bei Kladow, im Norden beim Ort Konradhöhe. Sie weichen aber immer mehr, da sich die Metropole Berlin ständig ausdehnt.

Der Kern der **Altstadt** auf der sogenannten **Altstadt-Insel** ist erhalten. In der Breiten Straße 32 kann man das älteste Haus Spandaus, das **Gotische Haus** (15. Jh.) mit seinen Gewölben bewundern. In den Gassen geht es lebhaft zu, etwas ruhiger ist es bei einem Spaziergang entlang des **Lindenufers**. Zurück ins Zentrum geht man bei der Schleuse, über den »Kolk«, wo in den Kneipen frisch gezapftes Bier ausgeschenkt wird.

Die **Nikolaikirche** stammt aus dem 15. Jh., der barocke Glockenturm kam später hinzu. Ein Bronzedenkmal ehrt Kurfürst Joachim II., der sich 1539 dem Druck der Bürger beugte und den protestantischen Glauben annahm.

In der imposanten **Zitadelle** (16. Jh), mit dem mittelalterlichen Juliusturm ist das **Stadtgeschichtliche Museum Spandau** untergebracht.

Havelland um Berlin

Havelkanal	34.9 km
Potsdamer Havel	29.9 km
Untere Havelwasserstraße mit Sacrow-Paretzer-Kanal	34 km
HOW Havel-Oder-Wasserstraße	150 km

Havel-Oder-Wasserstraße »HOW«

Diese Bezeichnung vereint mehrere Flüsse, Seen und Kanäle auf einer Länge von 150 km: Vom Zusammenfluss der Unteren Havelwasserstraße und der Spree bei km 0 in Spandau bis an die Oder, entlang der deutsch-polnischen Grenze, bis nach Gartz bei Mescherin.

Diese Bundeswasserstraße besteht aus mehreren Teilstrecken. Die **Spandauer Havel** führt von Spandau (km 0) bis nach Hohen Neuendorf (km 19). Kurz vor Henningsdorf liegt links die Verzweigung mit dem **Havelkanal**. Auf 6 km folgt der Fluss der ausgebauten **Oranienburger Havel**. Der folgende Abschnitt ist der 54 km lange **Oder-Havel-Kanal** bis zum Schiffshebewerk Niederfinow (Seite 24/25), diese Strecke bildet gleichzeitig die Wasserscheide zwischen Havel und Oder. Der Bau wurde 1906 im Rahmen des **Großschiffahrtsweg Berlin-Stettin** begonnen. Kaiser Wilhelm II. gab ihm 1914 bei der Eröffnung den Namen »Hohenzollern-Kanal«, später wurde er in »Oder-Havel-Kanal« umbenannt. Sein Vorläufer, der kleinere **Finowkanal**, ermöglichte zusammen mit dem Flüsschen Finow bereits im 17. Jh. den Schiffsverkehr zwischen Berlin und der Oder. Mit vielen Schleusen und Kurven zieht er sich auch heute noch fast parallel seinem »großen Bruder« entlang. Er ist ein Eldorado für Wassersportler. 14 km bilden die **Oderberger Gewässer**, es geht durch den Lieper- und den Oderberger See und auf der alten Oder bis nach Hohensaaten. Die Schleuse Hohensaaten regelt nicht nur die Querverbindung zur Oder, sondern auch die Weiterfahrt auf der **Hohensaaten-Friedrichsthaler-Wasserstraße**, welche nun während 42 km westlich und parallel der Oder nach Norden weiterfließt. Bei Schwedt und bei Friedrichsthal gibt es weitere Querverbindungen zur Oder. Folgt nach dem Kanal die **Westoder** bis zur deutsch-polnischen Grenze, sie verlängert seit 1998 mit 14 km die gesamte Strecke der HOW auf 149 km. Stören Sie sich nicht an der Kilometrierung, diejenige der HOW endet bei 134,96 km, die Westoder hat ihre eigene.

Die prächtigen Backsteinfassaden des Klosters Chorin.

Zwischen Spandau und Oderberg

Vorbei an der Zitadelle Spandaus (km 1) fährt das Schiff auf den ersten Kilometer der **Havel-Oder-Wasserstraße »HOW«** (Seite 22). Anschließend geht es durch die zu einer Seenkette ausgedehnten Havel zum Nieder-Neudorfer See. Kurz vor Ende des Sees, bei km 11, trifft sie den von links einmündenden **Havelkanal**. Ab hier nimmt der Flussverlauf tatsächlich die Form einer Straße an, die »HOW« wird zum Kanal und zieht sich in nördlicher Richtung an Henningsdorf vorbei.

Kurz darauf ist auf der linken Seite **Oranienburg** in Sicht. Diese mittelalterliche Grenzfeste der brandenburgischen Markgrafen am Havelübergang wurde im 13. Jh. als Botzow gegründet; sie wurde umbenannt, als der Große Kurfürst Friedrich Wilhelm seiner Gattin Luise Henriette von Nassau-Oranien im 17. Jh. dort ein Schloss schenkte. Den einst prachtvollen Bau ereilte im 19. und 20. Jh. ein düsteres Schicksal: Zunächst wurde es Fabrik, zur Nazizeit zogen SS-Wachmannschaften des nahen Konzentrationslagers Sachsenhausen ein, und während der DDR-Zeit nutzte die

Lift für dicke Pötte

Das **Schiffshebewerk** im brandenburgischen **Niederfinow** ist der Oldtimer unter den derzeit vier »diensttuenden« Hebewerken in Deutschland. Rund 150 000 Besucher jährlich lassen sich von der imposanten Größe des technischen Industriedenkmals faszinieren. Kein Wunder, es gilt als gelungenes Beispiel dafür, wie sich Technik und Natur in einem beeindruckenden Landschaftsbild zusammenfügen können. Touristen beobachten das Ein- und Ausfahren der Schiffe, die Fahrt des Troges, das Öffnen und Schließen der Tore und genießen den Ausblick. Eindrucksvoll ist auch eine Fahrt mit dem Besucherschiff durch das Hebewerk, die problemlos vor Ort gebucht werden kann. Der kleine Ort Niederfinow, etwa 50 Kilometer nordöstlich von Berlin, ist ein Nadelöhr an einer der wichtigsten Wasserstraßen in Ostdeutschland. Sie verbindet Berlin mit dem polnischen Stettin. Vor knapp hundert Jahren wurde der alte Wasserweg aus dem Tal der Finow auf die nördlich gelegene Hochfläche verlegt und viel später in Havel-Oder-Kanal umbenannt. Der Höhenunterschied des Geländesprungs von 36 Metern in Niederfinow wurde Anfang des 20. Jh. zunächst per Schleusentreppe überwunden. Doch die Durchfahrtszeit pro Schiff dauerte 1,5 Stunden. Mit dem 1934 fertiggestellten neuen Hebewerk brauchen Kapitäne nur noch 20 Minuten für Ein- und Ausfahrtsmanöver. Die Liftfahrt über 36 Meter dauerte sogar nur fünf Minuten.

Doch den Anforderungen der modernen Schiffe ist das historische Wahrzeichen der Ingenieursbaukunst heute nicht mehr gewachsen. Jährlich passieren zirka 20 000 Wasserfahrzeuge die heutige Havel-Oder-Wasserstraße. Transportierten sie in den 1980er Jahren rund zwei

NIEDERFINOW

Millionen Gütertonnen pro Jahr, werden die Transportmengen in den kommenden Jahren bei 5-10 % höher liegen. Zudem sind immer mehr Schiffe unterwegs, die mit 110 Meter Länge zu groß für den historischen Fahrstuhl sind. Im Jahr 1997 wurde deshalb der Neubau eines größeren Hebewerkes beschlossen, und seit 2007 gähnt zwischen dem mittlerweile zum Baudenkmal erklärten Lift und der alten Schleusentreppe eine riesige Baustelle. 2015 soll sie für den Schiffsverkehr eröffnet werden. Der neue Schiff-Fahrstuhl wird mit 55 Metern Höhe so hoch sein wie die Niagarafälle. Das alte Hebewerk soll noch bis 2025 betrieben werden. Besucher können dann nicht nur außen, sondern auch innerhalb des Bauwerks die Technik erkunden: Über Aufzüge, Treppen, Wege, Stege und Brücken. Wer sich neben technischen Details für Modelle des neuen Schiffshebewerks interessiert, für den lohnt sich ein Abstecher in das Informationszentrum am Fuß des Hebewerkes.

Von größeren Schäden oder gar Unfällen blieb das alte Schiffshebewerk bislang zum Glück verschont. Von 1924 bis Ende 2007 stand das Werk, wenn alle Ausfalltage wegen technischer Defekte zusammengerechnet werden, insgesamt anderthalb Monate still. Einen der längsten Ausfälle hatte es im Frühjahr 1947: als nach einem Deichbruch der gesamte nördliche Oderbruch überflutete, standen die Betriebsräume knapp zwei Meter uner Wasser.

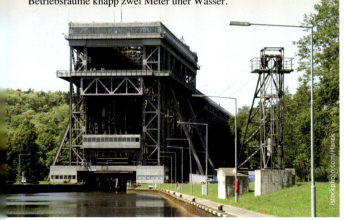

Nationale Volksarmee die Räumlichkeiten. Jetzt dient das Schloss als Verwaltungssitz und Museum.

Mit dem gemütlichen **Lehnitz-See**, seinen Villen und Ausflugslokalen bleiben Oranienburg und der Stadtkreis Berlin endgültig hinter uns, ländlichere Gegenden umgeben den Kanal.

Südöstlich erstreckt sich der zu 55% bewaldete 749 km² große **Naturpark Barnim**. Er wurde 1999 gegründet und ist der einzige Naturpark der Länder Berlin und Brandenburg, der gleichzeitig ein Großschutzgebiet ist. Darunter darf man verstehen, dass sowohl Naturschutz, Landwirtschaft, Tourismus, Ökologie als auch Geografie hier eng miteinander verbunden sind und teils sogar als »Vorbildslandschaft« zwischen Mensch und Natur genutzt werden können.

Im Norden bietet das **Biosphärenreservat Schorfheide-Chorin** mit seinen Urwäldern, Mooren und Seen vielen Tieren eine ungestörte Heimat. Es wurde 1990 im Nationalparkprogramm der DDR gegründet. Die **Schorfheide** ist ein dichtes, zentrales Waldgebiet von 200 km², das von einer 400 Jahre alten Kopfsteinpflasterstraße durchquert wird. Die »Grumser Forst«, ein Teil der Schorfheide, steht seit 2011 auf der Weltnaturerbeliste der UNESCO.

Eberswalde ist ein idealer Ausgangspunkt für Freizeitsport. Bereits im Mittelalter war der Ort an der Furt über die Finow wichtig und seit 1830 hat er sich durch seinen Forstbotanischen Garten und die Forstakademie einen Namen gemacht. Der botanische Garten ist das ganze Jahr geöffnet und schließt bei Dämmerung, keine automatische Uhr schiebt den Riegel, hier entscheidet die Natur.

Zu diesem natürlichen Landschaftsbild gehört auch das **Kloster Chorin**, ein echtes Juwel der norddeutschen Backsteingotik (Bauzeit 1273–1334). Bis zu 80 Zisterziensermönche und rund 200 Laienbrüder lebten hier; nach der Reformation verfiel der Bau. Die eindrucksvolle Westfassade des Kirchenschiffs konnte im 19. Jh. gerettet werden. Das Kloster steht Besuchern ganzjährig offen.

Bei km 78 erreicht man **Niederfinow**. Ein winziger Ort, aber wegen seines Schiffhebewerks ein Begriff unter Binnenschiffern. Hier überwindet der Wasserweg die erstaunliche Höhendifferenz von 36 m. Bevor die technische Meisterleistung genutzt werden konnte, fuhren die Schiffe nördlich davon durch eine Schiffsstreppe von mehreren Schleusen – auch diese war seinerzeit bei der Kanaleinweihung von 1914 eine Sensation.

Die Oder

ODERAUFWÄRTS
**Hohensaaten
bis zur Oderquelle**

ODERABWÄRTS
**Oderberg
bis zur Ostsee (Mündung)**

Land an der Oder

Die Oder, polnisch Odra, Polens zweitlängster Fluss, legt von ihrer Quelle im Sudetengebirge (Tschechien) auf 634 m Höhe bis zum Eintritt ins Oderhaff an der Ostsee 866 km zurück. Der meist ruhige Strom, der über 162 km die polnisch-deutsche Grenze bildet, durchfließt mit geringem Gefälle die Mährische Pforte, dann auf polnischem Gebiet die Mittelschlesische und die Großpolnische Ebene und zieht sich schließlich entlang der Westpommerschen Seenplatte dahin. Im Süden, in Niederschlesien, benutzt die Oder Urstromtäler, breite Talebenen, die am Ende der Eiszeit durch gewaltige Schmelzwässer entstanden. Im Unterlauf durchquert der Strom wellige, wald- und seenreiche Moränenlandschaften im Wechsel mit Urstromtälern. Vor Stettin teilt er sich in mehrere Arme, die sich kurz vor dem Oderhaff wieder vereinen.

Schon in vorgeschichtlicher Zeit vermittelte die Oder zwischen Ostseeraum und Südeuropa und wurde im Mittelalter ein wichtiger Wasserweg, wovon die zahlreichen bedeutenden Städte an ihren Ufern zeugen. Auch zur Zeit der Industrialisierung im 19. Jh. spielte sie eine große Rolle als Verkehrsader, die sie im 20. Jh. während des Sozialismus beibehielt.

Da ihr Wasserstand starken Schwankungen unterworfen ist (im Sommer ist er meist tief und steigt während der Schneeschmelze und den starken Niederschlägen im Frühling und Herbst drastisch an) wurde der Wasserlauf der Oder mehrfach reguliert. Der Oder-Havel- und der Oder-Spree-Kanal verbinden sie mit dem Berliner Raum, die Warthe mit dem Gebiet um Posen und der Gleiwitzer Kanal mit dem Oberschlesischen Industrierevier.

Die Oder-Region erlebte arge Zerstörungen am Kriegsende sowie einen radikalen Bevölkerungswandel nach 1945: Die meisten der östlich der Oder-Neiße-Linie ansässigen Deutschen wurden vertrieben und durch Polen ersetzt – eine schwere Belastung für das deutsch-polnische Verhältnis. Sowohl Polen als auch Deutsche durchlitten damals die Vertreibung aus ihren jeweils östlichen Landesteilen. Die Anerkennung der Grenzlinie im Zuge der deutschen Vereinigung 1990 war ein großer Schritt in der politischen Annäherung beider Länder.

Die Aufnahme osteuropäischer Staaten in die EU 2004 eröffnet dem Land an der Oder neue Perspektiven, und es rückt wieder in die Mitte Europas.

GESCHICHTLICHER ÜBERBLICK

Ab 6. Jh
Nach den Kelten und den Germanen dringen Slawen (Pomoranen und Polanen) ins Odergebiet vor.

8.–11. Jh.
Deutsche Adelsherren und Orden unterwerfen die Region westlich der Oder; im Havel-Spree-Oder-Gebiet etabliert sich die Mark Brandenburg. Am Mittellauf der Warthe nimmt 966 der Polanen-Herzog Mieszko I. aus dem Piasten-Geschlecht das Christentum an und missioniert Großpolen; sein Nachfolger Bolesław Chrobry wird erster polnischer König. Das um 900 an der Oder gegründete Wratislavia (Wrocław, Breslau) entwickelt sich zu einem Handelsort.

12.–13. Jh.
1138 wird Schlesien ein Teilfürstentum Polens. Nach der Heirat des schlesischen Herzogs Heinrich I. (1201–38) mit Hedwig von Andechs-Meran nimmt die Kolonisierung durch deutsche Siedler und Klöster zu. Pommern wird 1181 Lehensgebiet des Deutschen Kaisers. Ab 1250 erhalten die Markgrafschaft Brandenburg, das Erzstift Magdeburg und mehrere Orden und Klöster Land östlich der Oder.

14.–16. Jh.
1327 löst sich Schlesien von Polen und unterstellt sich bis 1526 der böhmischen Krone (ab 1490 Böhmen-Ungarn). Nach dem Tod Ludwigs II. von Ungarn kommt Schlesien 1526 als Teil Böhmens zu Habsburg.

17.–19. Jh.
Der Dreißigjährige Krieg verwüstet das Land. 1648 fällt (Hinter-)Pommern an Brandenburg. Schlesien erlebt eine kulturelle Blüte. Im Ersten Schlesischen Krieg (1740–42) erobert Friedrich II. Schlesien, weitere Kriege (1744–45 und 1756–63) konsolidieren die Grenzen. Die Oder nördlich der Mährischen Pforte bis zur Mündung in die Ostsee fließt durch preußisches Gebiet. Schlesien entwickelt sich ab 1871 zu einer Industrieregion. Polen ist 1795–1918 unter Preußen, Habsburg und Russland aufgeteilt.

20.–21. Jh.
Im Zweiten Weltkrieg besetzt Deutschland Polen. 1945 erklärt das Potsdamer Abkommen die Oder-Neiße-Linie zur deutsch-polnischen Grenze. Millionen Deutsche werden aus Polen vertrieben; polnische Flüchtlinge (ihrerseits von Sowjets vertrieben) besiedeln die ehemals deutschen Gebiete. 1990 erkennt Deutschland die seit 1945 bestehende Grenze an. Durch die Osterweiterung der EU 2004 erhält die Oder wieder Bedeutung als mitteleuropäischer Strom; man baut bestehende Kanäle aus.

Oderaufwärts

Bei Hohensaaten geht es oderaufwärts, die deutsch-polnische Landesgrenze verläuft mitten im Fluß. Es gibt Grenzübergänge wie z.B. bei **Hohenwutzen**, um nach **Osinów Dolny** (Niederwutzen) zum »Markt« zu gelangen; dieser Billig-Basar zieht rund ums Jahr viele Besucher an.

Auf den folgenden 50 km zieht sich das bis etwa 15 km breite, tischebene **Oderbruch** am Westufer hin. Dieses Feuchtgebiet, einst von wilden Oder-Altwässern durchzogen, begann schon Friedrich der Große zu entwässern. Die Oder wird durch Uferdämme in ein schmales Bett geleitet; dies schränkt den Spielraum der Wassermassen bei hohen Pegelständen ein, was 1997 bei der Jahrhundertflut zu Deichbrüchen und Schäden geführt hatte.

Kostrzyn (Küstrin) liegt am Ostufer, also in Polen, sein einstiger Vorort Küstrin-Kietz am Westufer. Bahn- und Straßenverbindungen ermöglichen heute wieder ein einfaches Hin und Her. Hier mündet die polnische *Warta* (Warthe) in die Oder. In dieser früheren Festungs- und Garnisonsstadt war einst Kronprinz Friedrich, der spätere Friedrich der Große eingekerkert. An einer malerischen Oderbiegung am leicht hügeligen Westufer liegt das Städtchen **Lebus**, seine Kirche ist weithin sichtbar; dahinter ragt ein Burgberg auf. 1125 war Lebus Sitz eines polnischen Bistums und wichtiger Oder-Übergang. Mitte des 13. Jh. ging es, mit dem »Sternberger Land« östlich des Flusses, in den Besitz von Brandenburg über. Der Name »Lebuser Land« entspricht am gegenüberliegenden Flussufer, dem polnischen *»Ziemia Lubuska«*.

Frankfurt an der Oder war einst ein Marktort schlesischer Piasten, Mitte des 13. Jh. wurde es märkisch. Seit 1253 besitzt es das Stadtrecht und spätestens ab 1430 war es Mitglied der Hanse. Der Nord-Süd-Verkehr auf der Oder sowie eine bedeutende Handelsstraße zwischen West- und Osteuropa mit Stapelzwang und Zolleinnahmen machten Frankfurt zur führenden Stadt in Brandenburg, bis sich das entfernte Berlin zur Residenzstadt aufschwang. Gotische Backsteinbauten, wie etwa das **Rathaus** oder die gewaltige **Marienkirche**, legen Zeugnis des Reichtums im Mittelalter ab. An der Universität Viadrina bildeten sich von 1506 – 1811 berühmte Männer wie Ulrich von Hutten, Carl Philipp Emanuel Bach, die Gebrüder Humboldt oder Heinrich von Kleist (1777 in Frankfurt geboren), aus.

Spreewald

Ungefähr auf halbem Weg zwischen ihrer Quelle an der deutsch-tschechischen Grenze und Berlin teilt sich die Spree im breiten »Baruther Urstromtal« in eine Unzahl von Armen auf. Bis in das 16. Jh. wuchs hier undurchdringlicher Urwald, in dem Elch und Wolf zu Hause waren. Bauern drangen in diese Flusslandschaft des Spreewalds vor und fristeten ein mühsames Dasein, denn man kommt nur auf dem Wasserweg voran – ob man nun zur Heuernte, zur Schule oder zum Arzt muss.

Im knapp 500 km² großen Biosphärenreservat mit annähernd 1000 km Fluss- und Kanalläufen brüten u. a. Kranich, Seeadler und Schwarzstorch. Die seit alters hier lebenden Sorben sprechen noch heute ihre alte slawische Sprache.

An der alten Handelsstraße zwischen dem Unteren (nördlichen) und dem Oberen (südlichen) Spreewald entwickelte sich seit dem 12. Jh. **Lübben** mit Schloss, Stadtmauer und Kirche, wo Paul Gerhardt (1607–76), als Komponist vieler Kirchenlieder bekannt, Pfarrer war. Hier und im nahen Ackerbürgerstädtchen **Lübbenau** genießen Touristen seit über 100 Jahren die einmalige Kulturlandschaft: In flachen Spreewälder-Kähnen lässt man sich durch die stille Waldlandschaft staken. Im knapp 500 km² großen Biosphärenreservat mit annähernd 1000 km Fluss- und Kanalläufen brüten u. a. Kranich, Seeadler und Schwarzstorch. Die seit alters hier lebenden Sorben sprechen noch heute ihre alte slawische Sprache. Versuchen Sie auch die echten Spreewaldspezialitäten Meerrettich und eingelegte Gurken.

Słubice, das über einen Fußweg über die Oderbrücke erreichbar ist, wurde im 19. Jh. Frankfurts Stadtteil *Dammvorstadt*. Erinnert man sich der Kriegszerstörung und der in dieser Gegend stattgefundenen Trennungen, so verwundert es nicht, dass im Zug des Zusammenwachsens von Europa gerade hier der Gedanke an Versöhnung aufkam. Seit dem Verzicht auf den Visazwang im Jahre 1972 nahm der Grenzverkehr insbesondere während der DDR-Zeit sprunghaft zu.

1991 wurde die **Europa-Universität Viadrina** mit Sitz in Frankfurt und Słubice gegründet, und in der »Europaregion Pro Viadrina« – ein Zusammenschluss von mehreren Gemeinden und Landkreise – werden grenzübergreifende Projekte zur Stärkung des Wirtschaftspotenzials sowie Entwicklung von Land und Natur verwirklicht.

Die Eisenbahnlinie und die Europastraße E 30 Berlin-Warschau überqueren südlich der beiden Städte die Oder. Ein Stück weiter südlich ragt am Westufer die **Steile Wand von Lossow** mit einem gut sichtbaren vorgeschichtlichen Burgwall auf.

Der Oderlauf trennt seit 1945 die Dörfer Kunitz (Kunice) und Aurith (Urad) und erreicht dann **Eisenhüttenstadt** am westlichen Ufer. Ihr Name erinnert an das Eisenhüttenkombinat »J. W. Stalin«, das 1951 am **Oder-Spree-Kanal** entstand; sowjetisches Eisenerz wurde hier mittels polnischer Steinkohle und Kalk aus Brandenburg verarbeitet. Der 1891 eröffnete Kanal mündet bei der 1268 gegründeten Stadt Fürstenberg in die Oder; diese wurde 1961 mit **Eisenhüttenstadt** unter diesem Namen vereint. Die hübsche spätgotische Stadtkirche in schöner Lage am Fluss ist hier ebenso von Interesse wie die Architektur der ersten sozialistischen Stadt der DDR.

Etwa 4 km südlich der Stadt taucht westlich des Stroms das Städtchen **Neuzelle** auf. Das außergewöhnliche Zisterzienserkloster von Neuzelle war bis 1817 von der Säkularisierung verschont geblieben. Der Orden, neben geistlichen Übungen auch zu praktischer Arbeit verpflichtet, wurde im 12./13. Jh. gern als Kolonisator ins Land gerufen. Anders als die üblichen schlichten Zisterzienserbauten ist dieses Kloster mit barocker Zier geradezu überladen. Die Umwandlung der ursprünglich gotischen Anlage in eine barocke fand nach dem Dreißigjährigen Krieg statt. Heute dient die Konventskirche der katholischen Gemeinde als Pfarrkirche und ist seit 1947 ein bekanntes Wallfahrtszentrum.

Abseits des Oderstroms liegt der Branitzer Park mit den Wasserpyramiden.

5 km weiter stromaufwärts mündet bei **Ratzdorf** die *Lausitzer Neiße* in die Oder; von hier bis nach Tschechien bildet der Fluss seit 1945 die deutsch-polnische Grenze. Von der Verzweigung – durch das polnische **Niederschlesien** in Richtung Wrocław (Breslau) – sind es knappe 300 km.

Nördlich der Altstadt von **Krosno Odrzańskie** (Crossen) mündet der wasserreiche **Bóbr** (Bober) in die Oder. Bereits in alten Zeiten existierte hier eine Brücke über die Oder, die von einer polnischen Burg bewacht wurde. Das Städtchen entstand im 13. Jh. In seiner Wasserburg bot es einst der heiligen Hedwig, der Schutzpatronin Schlesiens, Zuflucht, nachdem ihr Gatte, der Piastenherzog Heinrich I., gestorben war. Seit dem Zweiten Weltkrieg sind von der Burg leider nur noch Ruinen erhalten; das heutige Ortszentrum liegt nördlich der Oder.

Der Fluss verläuft nun durch Auwiesen, Felder und bewaldete Hügellandschaften bis zum Hafen **Cigacice** (Odereck). Von hier gelangt man in die 15 km südlich des Flusses gelegene Kreisstadt **Zielona Góra** (Grünberg). Die Stadt aus dem 14. Jh. blickt auf eine lange Tradition der Tuchweberei zurück und ist heute wichtiges Zentrum der Maschinen-, Lebensmittel- und der Textilindustrie mit knapp 120 000 Einwohnern. Dank des milden Klimas wird hier sogar Wein gekeltert; es ist Polens größtes Weinbaugebiet und alljährlich findet hier im September ein Weinfest statt.

Die Altstadt ist sehr hübsch. Am Rynek, dem von stattlichen Bürgerhäusern aus dem 18. und 19. Jh. umrahmten Marktplatz, befindet sich das Rathaus, 1590 erbaut und im 18./19. Jh. klassizistisch umgebaut. Die St. Hedwigskirche, ein recht wuchtiger Backsteinbau, geht auf das 14. Jh. zurück, der Wachturm und Teile der Stadtmauer auf das 15. Jh. Die ehemals evangelische Kirche, ein Fachwerkbau von 1746–48, dient heute der katholischen Bevölkerung.

Nach dem Flussknie bei Cigacice fließt die Oder nun von Süden durch die bewaldete Hügellandschaft der Nizina Śląska. Die kleine Hafen- und Industriestadt **Nowa Sól** (Neusalz) hat ihr Zentrum am westlichen Flussufer und verdankt ihren Namen den Siedereien aus dem 16.–18. Jh., die eingeführtes Rohsalz verarbeiteten.

Das Renaissanceschloss von **Carolath**, das flussaufwärts zwischen den Bäumen am Ostufer hervorlugt, wurde von Georg von Schönaich (1557–1619) in Auftrag gegeben. Im Fährort **Bytom Odrzański** (Beuthen) gründete dieser Humanist ein Hospital und eine Hochschule. Das schon 1175 als Kirchort erwähnte Städtchen Bytom Odrzański besitzt eine spätgotische Pfarrkirche, ein Renaissance-Rathaus und liebevoll bewahrte Bürgerhäuser.

Głogów (Glogau, 68 000 Einwohner) ist seit den bedeutenden Kupferfunden in seiner Umgebung (1957) ein wichtiger Industriestandort und Flusshafen. Berühmte Söhne der Stadt sind der Barockdichter Andreas Gryphius (1616–64) und auch der Romancier Arnold Zweig (1887–1968).

Schon im Mittelalter war Głogów ein wichtiger Oderübergang; im Zweiten Weltkrieg wurde der Ort fast völlig zerstört. Vom Schloss der Glogauer Linie der schlesischen Piasten ist ein nüchterner runder Backsteinturm von 1344 erhalten; der ursprünglich mittelalterliche und nach dem Dreißigjährigen Krieg barockisierte Schlossbau wurde nach dem Zweiten Weltkrieg rekonstruiert, ebenso die Jesuitenkirche (frühes 18. Jh.) am Marktplatz und das Rathaus mit einem schlanken Turm (1834). Über Jahrzehnte lag die Altstadt als Ruinenfeld brach, seit den 1980er-Jahren haben kreative

Architekten Lösungen für den Wiederaufbau erfolgreich umgesetzt.

Eine weite Niederung bildet das Odertal, wo 17 km östlich von Glogau der Fluss **Barycz** (Bartsch) in die Oder mündet. Die folgenden gut 70 km flussaufwärts windet sich die Oder durch ein süd-nördlich verlaufendes, breites Tal bis zum nächsten Verkehrsknotenpunkt **Ścinawa** (Steinau), hier überqueren Straße und Eisenbahn den Fluss. Gegenüber liegt **Malczyce** (Maltsch).

Rund 20 km westlich, an der **Kaczawa** (Katzbach), einem besonders zur Schneeschmelze wasserreichen Zufluss der Oder, liegt die wichtigste Stadt dieser Gegend, **Legnica** (Liegnitz, über 102 000 Einwohner). Wie Głogów und das zwischen beiden gelegene Lubin (Lüben) profitiert auch Legnica von den Kupferminen . Heinrich I. machte es im 13. Jh. zur Hauptstadt der schlesischen Piastenherzöge.

Zusätzlich zum Renaissanceschloss mit seinem prächtigen Portal erinnert auch ein Mausoleum von 1679 neben dem Jesuitenkloster an die Piasten. Das ehemalige Stadtpalais der Äbte von Lubiąż (Leubus) aus dem 18. Jh. beherbergt heute das Kupfermuseum mit Sammlungen zu hiesigen Bodenschätzen und zur lokalen Geschichte. Am Marktplatz, unweit des barocken Alten Rathauses, befindet sich die freundliche Gruppe der Heringsbuden, acht schmale Giebelhäuser aus dem 16. Jh. Die Kathedrale Peter und Paul stammt aus dem 14. Jh. wurde aber im 19. Jh. von Schinkel renoviert.

Die **Friedrichskirche von Jawor** (20 km südlich von Legnica) gehört seit 2001 zum Weltkulturerbe der UNESCO.

In **Legnickie Pole** (Wahlstatt) 9 km südöstlich von Legnica liegt das Schlachtfeld, wo das deutsch-polnische Heer 1241 den Tataren unterlag und Henryk II. Pobożny (Heinrich der Fromme, Sohn von Heinrich I. und der schlesischen Nationalheiligen Hedwig) fiel. Gattin und Mutter sorgten für den Bau einer Kirche, deren Nachfolgebau heute als Museum dient. Die der hl. Hedwig geweihte Benediktinerabtei (1729) gegenüber ist eine prächtige Barockanlage.

Zurück an die Oder, erstreckt sich das eindrucksvolle Zisterzienserkloster **Lubiąż** (Leubus) von 1175; es ist die erste Gründung dieses Ordens in Schlesien. Von den Vorgängerbauten aus der romanischen und gotischen Epoche ahnt man beim Anblick der riesigen barocken Anlage nichts. Sie entstand nach dem Dreißigjährigen Krieg

1672–79. Nachdem Schlesien 1742 preußisch geworden war, konnte sich der reiche Orden noch bis 1810 halten, dann wurden die Gebäude anderweitig verwendet. Heute hat man die prachtvollsten Räumlichkeiten restauriert.

Das imposante Schloss in **Brzeg Dolny** (Dyhernfurth) entstand als barocker Bau 1780–85 und fand nach 1945 als Kulturhaus Verwendung. Der Ort erhielt 1667 das Stadtrecht und war ein Zentrum der jüdischen Kultur. Seit dem 15. Jh. bis heute unterhält er eine Oderfähre.

Wrocław (Breslau)

Die historische Hauptstadt Niederschlesiens ist heute die viertgrößte Stadt Polens (ca. 630 000 Einwohner). Bereits um das Jahr 1000, als sie ein Bistum des Erzbischofs von Gnesen wurde, war sie ein bekannter Handelsplatz. Gegründet wurde sie auf den von den vielen Nebenarmen der Oder gebildeten Inseln, was ihr bald den Namen »Kleines Venedig« eintrug.

Nach der Zerstörung durch die Tataren 1241 erlebte Wrocław im Spätmittelalter dank seiner Lage an der Kreuzung wichtiger Handelsstraßen einen raschen Aufschwung. Im 14. Jh. fiel sie mit ganz Schlesien an Böhmen, das seinerseits 1526 unter habsburgische Herrschaft geriet. 1741 kam die Stadt wieder zu Preußen und entwickelte sich zu einem bedeutenden industriellen Zentrum. Am Ende des Zweiten Weltkriegs war Breslau zu 70 % zerstört. Ein Teil der historischen Innenstadt wurde bis in die 1980er-Jahre nach alten Plänen konstruiert.

Um zu den Ursprüngen von Breslau zurückzugelangen, überqueren Sie die Brücke, die zur Sandinsel (Ostrów Piaskowy) im Norden des Stadtzentrums führt. Die hoch aufragende gotische **Kirche St. Maria auf dem Sande** wurde im 14. Jh. errichtet und nach dem Krieg in einem Gemisch verschiedener Stile neu aufgebaut, hat jedoch ein sehr schönes romanisches Giebelfeld bewahrt (1175).

Die **Dominsel** (Ostrów Tumski), auf der die Stadt gegründet wurde, findet nach und nach zurück zu ihren Kopfsteingassen, Gaslaternen und prächtig restaurierten, bunt bemalten Häuserfassaden. Hier stehen die ältesten Gebäude von Breslau. Die große **Kreuzkirche** (Stiftskirche zum Heiligen Kreuz und St. Bartholomäus aus dem 13.–14. Jh.) besteht aus zwei übereinanderliegenden Bauten: Oben befindet sich die Kreuzkirche, unten die Bartholomäuskirche, die ursprünglich als Familienmausoleum der Piasten diente. Wie die Kreuzkirche in goti-

Ostrów Tumski mit Kreuzkirche von Wrocław (Breslau)

scher Architektur entworfene **Breslauer Dom** entstand in derselben Zeit (13.-14. Jh.) und ist Johannes dem Täufer geweiht. Sehr schön ist sein Portal mit dem von Skulpturen eingefassten Tor. Darüber sind gotische Motive zu sehen. Im Innern dominiert der Barockstil, vor allem in den Seitenkapellen. Das Museum der Erzdiözese am Domplatz besitzt eine reiche Sammlung schlesischer Kunstgegenstände und archäologischer Funde.

Der **Marktplatz** von Breslau (Rynek) ist einer der schönsten und größten Polens. An sonnigen Tagen tummeln sich hier Straßenmusikanten und Jongleure zwischen den Terrassen der Cafés und Restaurants.

Rund um den Marktplatz stehen prächtige Bürgerhäuser im Stil von Gotik, Barock und Renaissance. Bewundern Sie besonders die bemalte Fassade des 1672 erbauten **Hauses der Sieben Kurfürsten** (Nr. 8) sowie die hübschen Reliefs und den herrlichen Türrahmen des Hauses zu den Greifen.

In der Mitte des Marktplatzes erhebt sich das stolze **Rathaus**, eines der wertvollsten Baudenkmäler Polens. Es wurde zwischen dem 13. und 17. Jh. mehrmals erneuert und umgebaut und vereint deshalb Stilelemente aus Spätgotik und Renaissance. Bemerkenswert ist sowohl die Ostfassade mit dem kunstvoll verzierten Mittelgiebel als auch die Südfassade, die mit reichen Friesen geschmückt ist. Das ebenso reiche Innere beherbergt das städtische Geschichtsmuseum. Besonders prunkvoll sind der Ratssaal (14. Jh.) mit einem großen Kachelofen und die anschließende Ratsherrenkammer. Der Saal des Bürgermeisters besitzt ein sehr schönes Steinportal.

Die Kurzy-Targ-Straße östlich des Marktplatzes führt zur Pfarrkirche **St. Maria Magdalena** (Magdalenenkirche), einem zum größten Teil gotischen Backsteinbau mit einem außergewöhnlichen romanischen Südportal aus dem 12. Jh. In der entgegengesetzten Richtung öffnet sich der Marktplatz zum hübschen **Salzplatz** (Plac Sony), wo ein großer Blumenmarkt abgehalten wird. Am Rand des Platzes steht die **Elisabethenkirche** (14. Jh.) mit dem höchsten Turm der Stadt.

Über die Odrzańska- und Garbary-Straße gelangen Sie nördlich zur barocken **Universität**. Sehenswert ist die herrliche Aula Leopoldina, deren Wände und Decken überreich mit Fresken, Gold und Stuck verziert sind.

Entlang der Oder führt die Grodzka-Straße zu den **Markthallen** (1908), wo bis heute ein farbenfroher Markt abgehalten wird.

Weiter östlich fällt die Frycz-Modrzewski-Straße zu einem Parkgelände ab, an dessen Rand der Rundbau des Museums **Panorama Racławicka** steht, das ein einziges, 15 m hohes und 114 m langes 360°-Rundgemälde ausstellt. Zehn Maler hielten darauf die Schlacht von Racławice fest, bei der die Aufständischen unter dem polnischen Nationalhelden Tadeusz Kościuszko 1794 erstmals die Russen besiegten. Das nahe **Nationalmuseum** ist für seine Sammlungen schlesischer und polnischer Kunst des 14.–20. Jh. berühmt.

Östlich außerhalb des Zentrums (jenseits der Oder) befindet sich die von Max Berg entworfene gewaltige **Jahrhunderthalle** (Hala Ludowa, 1911–13). Der Stahlbetonbau gilt als die größte freitragende Kuppelkonstruktion ihrer Zeit; Grund wieso die UNESCO den Bau 2006 in ihre Liste aufnahm.

Riesengebirge

Die schönsten Teile des **Karkonosze**, des **Riesengebirges**, sind als Nationalpark unter Schutz gestellt. Buchenhaine in engen Tälern, dunkle Fichtenwälder, Latschendickichte und Moorseen in mittleren Lagen und die windgepeitschten, kahlen Gipfel prägen und charakterisieren das Gebiet.

Nach Norden fällt das Granitmassiv steil ab; höchster Gipfel ist mit 1602 m die **Śnieżka**, **Schneekoppe**. Man besteigt den Gipfel meist von **Karpacz** (Krummhübel) aus, das eine kleine Stabkirche aus dem 13. Jh. besitzt, die der Preußenkönig Friedrich Wilhelm IV. aus dem norwegischen Vang 1841 hierher überführen ließ.

Szklarska Poręba (Schreiberhau) besitzt seit dem 14. Jh. eine Glashütte; heute lebt es von den Bergtouristen. Ende des 19. Jh. wohnte hier der Schriftsteller Gerhart Hauptmann.

Inmitten von Gebirgsausläufern im Tal des Bóbr (Bober) liegt die gegründete Bergbau- und Webereistadt **Jelenia Gora** (Hirschberg 13. Jh.). Im bildhübschen Stadtkern dominiert Barock. Auf einem steilen Granitfelsen thront die Burgruine **Chojnik** (Kynast) aus dem 14. Jh.

In der Umgebung der Industriestadt **Wałbrzych** (Waldenburg) lohnen **Zamek Książ** (Schloss Fürstenstein, das größte Schloss Polens mit über 400 Sälen), das bedeutende spätbarocke Kloster **Krzeszów** (Grüssau) und die mittelalterliche Stadt **Świdnica** (Schweidnitz) auf jeden Fall einen Besuch.

Von Wrocław (Breslau) zur Oderquelle

Oderaufwärts von Breslau zur Grenze nach Tschechien sind es rund 220 km, der Fluss passiert die alten Städte **Brzeg** (Brieg) und **Opole** (Oppeln) und nähert sich dem Westrand Oberschlesiens; der Kanal Gliwicki (Gleiwitzer Kanal) stellt die Verbindung in das Oberschlesische Industriegebiet her.

Östlich davon, am längsten Fluss Polens, der Wisła (Weichsel), erreicht man **Kraków** (Krakau), ein Juwel von einer Stadt, die bis 1596 auch polnische Hauptstadt war. Der alte Stadtkern mit 5500 denkmalgeschützten Bauten, interessanten Museen und dem einmaligen Marktplatz mit den Tuchhallen in der Mitte zählt zum Weltkulturerbe der UNESCO.

Südlich von Schlesien passiert die Oder die Senke zwischen den Gebirgszügen der Sudeten und Beskiden, die seit alters so genannte »Mährische Pforte«. Diese ist nicht nur die Wasserscheide zwischen der Oder und der March, sondern auch ein wichtiger Verkehrsknotenpunkt und war bereits in der Antike eine Passage der Bernsteinstraße. Bis die Oder die polnisch-tschechische Grenze erreicht, hat sie in Tschechien vom Odergebirge her bereits 120 km zurückgelegt.

Oderabwärts

Vom Städtchen **Oderberg**, das bereits im 13. Jh. die damals märkische (Mark Brandenburg) Grenze zu Polen bewachte, sind es noch 5 km bis nach Hohensaaten östlich der **Oderberger Gewässer**, welche das Schiffshebewerk Niederfinow mit der **Schleuse Hohensaaten** und der darauf folgenden Kanalstrecke, der **Hohensaaten-Friedrichsthaler-Wasserstraße**, verbinden.

Ab hier ist das Odertal bis zur Mündung in das Stettiner Haff 2–4 km breit, durchsetzt mit Sümpfen und Altwässern. Die Oder als Schifffahrtsweg ist zweigeteilt. Auf der breiteren Ostoder wird die polnische Oder-Kilometrierung fortgesetzt, die Einmündung der »HOW« liegt bei km 667.

Die auf deutschem Gebiet und kanalisierte »Hohensaaten-Friedrichsthaler-Wasserstraße«, gefolgt von der Westoder, bilden zusammen – bis zum Grenzort Mescherin – die letzten 56 km der Flussstrecke auf deutschem Gebiet.

Parallel erstreckt sich der **Nationalpark Unteres Odertal** und auf polnischer Seite ein Naturpark; beide sollen die Fluss-landschaft schützen. Das periodisch über die Ufer tretende Gewässer und die Auen werden in Ruhe gelassen und der Wildnis wird freier Lauf gewährt.

Die weitgehend ackerbaulich genutzte **Uckermark** auf deutscher Seite gehörte abwechselnd zu Brandenburg und Mecklenburg-Vorpommern. Am hohen Flussufer wacht in **Stolpe** (Oder km 680/HOW km 110) seit dem 12. Jh. ein Grenzturm mit 6 m dicken Backsteinmauern.

Schwedt (Oder km 691/HOW km 121), einst brandenburgischer Grenzort, wurde im Dreißigjährigen Krieg über 200-mal geplündert und dann im Zweiten Weltkrieg zu 85 % zerstört. Die DDR wandelte das Barockstädtchen in einen Industriestandort um; hier endeten die russischen Erdölpipelines, und eine Brücke führt über die Oder in die polnische Moränenlandschaft *Pojezierze Pomorskie* (Pommersche Seenplatte).

Am westlichen Ufer wacht seit Jahrhunderten die mittelalterliche Grenzfestung **Gartz** (HOW km 110). Von hier können Binnenschiffe über die Querverbindung leicht nach Widuchowa (Fiddichow, km 702) zwischen West- und Ostoder wechseln. Noch 7 km führt die Westoder durch deutsches Gebiet, bis die polnisch-deutsche Grenze bei **Mescherin** von der Flussmitte der Ostoder auf das Land westlich der Oder wechselt. Auf der Westoder fahren die Schiffe von hier noch 22 km bis nach Stettin.

Nationalpark Unteres Odertal

Schutzgebiete gab es in der Gegend schon Anfang des 20. Jh., gegen Ende des Jahrhunderts machte man daraus ein Bundesnaturschutzgebiet. Seit 1995 sind die 10 550 ha auf deutschem Gebiet als Nationalpark ausgewiesen, es ist der einzige deutsche Auennationalpark; also ein Überschwemmungsgebiet, das durch Sümpfe, Gewässer und Pflanzen natürliche Biotope bildet. Der Park hat noch einen polnischen Bruder, nämlich den **Landschaftsschutzpark Zehden (Cediyna)**, mit 6000 ha jenseits der Landesgrenzen. Beide Parks bilden zusammen das außergewöhnliche Schutzgebiet **Internationalpark Unteres Odertal**.

Seit 1998 hat man hier über 1700 Pflanzenarten bestimmen und in fast 100 Vegetationstypen unterteilen können. Diese bilden wiederum 50 Pflanzenfamilien, davon gehören mehr als 10 Gruppen zu den Wasserpflanzen.

Von den 160 Brutvogelarten sind Schwarzstorch, Uhu und Schreiadler besonders beeindruckende Bewohner; Hunderttausende Gänse und Enten, aber auch Zehntausende Kraniche rasten hier zu den Zugzeiten im Frühjahr und im Herbst. Als Vogelschutzgebiet entspricht der Park den europäischen Normen (SPA), ist durch die internationalen Kriterien der IBA geschützt und freut sich über das letzte Qualifikationslabel FFH, d.h. ein Flora-Fauna-Habitat Gebiet.

Biber und Fischotter gehören zu den 54 Sorten anwesender Säugetiere. Auch Reptilien, Amphibien und Fische finden hier ideale Behausungen.

Die renovierten Häuser Stettins strahlen in leuchtenden Farben.

Stettin

Die dynamische Stadt mit knapp 410000 Einwohnern ist Hauptort Westpommerns und nach Danzig der zweitwichtigste Hafen des Landes. Im Stadtzentrum zeugen die restaurierten Paläste aus der Zeit der Hanse, die Kirchen und das Schloss der Herzöge von Pommern von deren vielfältigen Geschichte; die vielen Parkanlagen laden zur Erholung ein.

Stettins wesentliche Sehenswürdigkeiten befinden sich am Westufer der Oder. Die Wahrzeichen erstrahlen trotz schwerer Kriegsschäden jetzt wieder in alter Pracht.

Auf einer Anhöhe über dem Fluss thront das **Schloss der Herzöge von Pommern**, ursprünglich eine gotische Burg, die im 16. Jh. im Stil italienischer Renaissance umgebaut wurde; bei den Renovationsarbeiten stieß man auf die Krypta mit den Sarkophagen der letzten Pommernherzöge (16./17. Jh.), die man im Museum des Komplexes besichtigen kann. Vom 60 m hohen Turm aus hat man eine schöne Sicht auf die Oder. Im größeren der beiden Schlosshöfe sieht man am **Uhrturm** (16. Jh.) ein ungewöhnliches Zifferblatt; ein Gesicht, dessen Augen der Zeiger folgen.

Vom alten Stettin sind nur wenige Denkmäler übriggeblieben und wieder errichtet worden, sie liegen alle zwischen Fluss und Schloss. Der **Sieben-Mäntel-Turm** (*Baszta Siedmiu Płaszczy*) diente als Gefängnis und ist ein Rest der gotischen Wehranlagen (13.–14. Jh.), zu denen einst vier Tore und 37 Türme verschiedener Form gehörten; sie mussten im 18. Jh. den neuen Befestigungen der Preußen weichen.

Das südlich am Kai gelegene **Rathaus** (*Ratusz*), in dem heute das Stadtmuseum ist, wurde nach dem Krieg originalgetreu im Stil des 15. Jh. errichtet.

Gegenüber steht der prächtige spätgotische Loitzenhof von 1547, einst Residenz der reichen Bankiersfamilie Loitz, die dem polnischen König Sigismund II. Augustus und dem brandenburgischen Kurfürsten Joachim II. großzügige Darlehen gewährte; 1572 mussten die Loitz nach ihrem Bankrott heimlich die Stadt verlassen.

Auf der anderen Seite des Boulevard Wyszyński können Sie die **Johanneskirche** (*Kościół Świętego Jana Ewangelisty*) in der Ulica Pod Bramą besuchen, die bekannt ist für ihre Wandgemälde aus dem 16. Jh. und die moderne Pietà am Hochaltar.

Die **Jakobskathedrale** (*Katedra Swiętego Jakuba*) wurde nach dem Krieg umfassend restauriert. Zu den Schätzen dieser gotischen Hallenkirche zählt die außergewöhnliche »Schwarze Madonna«. Im ersten südlichen Pfeiler der Orgel wurde das Herz des Organisten Carl Löwe eingemauert, der hier 46 Jahre lang gewirkt hat.

Ein Patrizierhaus von hoher Bedeutung ist der Barockpalast **»Pod Globusem«** am Plac Orła Białego 2. Hier wurde 1729 die Prinzessin von Anhalt-Zerbst geboren, die spätere Zarin Katharina II. (»die Große«) von Russland.

Beeindruckende Ausstellungen beherbergt das **Meeresmuseum** (ul. Wały Chrobrego 3) im Norden der Stadt, nahe des Flussufers. Es ist dem baltischen Seehandel, der Schifffahrt und der Numismatik Pommerns gewidmet.

Das **Nationalmuseum** und die **Galerie zeitgenössischer Kunst** – beide in der Ulica Staromłyńska – dokumentieren die mittelalterliche Kunst in Pommern und polnische Werke des 18.–20. Jh.

Östlich vom Stadtzentrum fließen die zwei Hauptarme der Oder um mehrere **Flussinseln**, diejenige gegenüber der Altstadt ist die Insel Lastadie. In nördlicher Richtung vereinen sich die Gewässer zu einem See, der bereits das nahe Stettiner Haff ankündigt.

Umgebung von Stettin

Von Stettin aus werden Ausflüge angeboten; z.B. nach **Stargard Szczeciński**, 35 km östlich von Stettin. Es ist eine alte Hansestadt mit intakter Ringmauer samt beeindruckenden Toren. Unbedingt gesehen haben sollten Sie die **Marienkirche** (13.–15. Jh.), die nach dem Krieg rekonstruiert wurde; ihre vollkommene Backsteinarchitektur und die bemalten Bögen machen sie zu einem Meisterwerk ostdeutscher Gotik. Das **Rathaus** (16. Jh.) ähnelt einer mehrlagigen Hochzeitstorte mit einem Giebel beinahe wie aus Zuckerguss. Halten Sie Ausschau nach dem **Zeughaus** und der **Johanneskirche**.

Am Stettiner Haff

Im 50 km breiten **Stettiner Haff** (Oderhaff) gibt die Oder ihren Namen auf und fließt in drei verschiedenen Mündungsarmen auf die Ostsee zu: Hier verläuft ebenfalls die deutsch-polnische Staatsgrenze. Der Küstenstreifen seitens Polen ist die Pommersche- und diejenige nach Westen verlaufende Küste, die Vorpommersche Ostseeküste. Der inmitten des Haffs verlaufende Hauptschiffsweg ist die **Swine** (Świna), östlich der Stadt Wolin teilt die **Dievenów** (Dziwna) die Insel Wolin, und der **Peenestrom** schlängelt sich an der Insel Usedom entlang.

Insel Wolin und polnische Küste

Polens größte, dem Stettiner Haff vorgelagerte Insel **Wolin** (Wollin) war eine der frühesten Siedlungen der Slawen, die hier Handelsmöglichkeiten oderaufwärts mit den Donauländern, ja sogar mit Byzanz planten.

Die gleichnamige Stadt war im 11. Jh. als weltstädtisches Zentrum bekannt; sie war Sitz des ersten Bistums in dem von Otto von Bamberg missionierten Pommern. Der schöne Badeort **Międzyzdroje** (Misdroy) an der Pommerschen Bucht grenzt an den großartigen Nationalpark Woliński.

Kamień Pomorski (Cammin) liegt am östlichen Mündungsarm, der *Dievenów* (Dziwna). Der hübsche Ort erlebte seine Blütezeit als zeitweilige Residenz der Herzöge von Westpommern und als Bischofssitz, der im Jahre 1176 von Wollin hierher verlegt wurde.

Der im 12. Jh. begonnene und im 15. Jh. umgestaltete **Dom** gilt als ein hervorragendes Beispiel lokaler Backstein-Baukunst. Die Orgel ist ein barockes Meisterwerk; in der Krypta befindet sich das Grabmal der Herzogin Świętoława, der Mutter Knuts des Großen, der im 11. Jh. als dänischer König auch England und Norwegen unter seiner Herrschaft vereinigte.

Woliński Park Narodowy

Ob der Seeadler mit seinen ausgebreiteten Flügeln seit 1960 um das stets wachsende Gebiet kreist und mit scharfem Blick die knapp 11000 ha des **Meeresnationalparks** im Auge behält? Jedenfalls ist er das Wahrzeichen des Parks und sicher ist, dass hier nachts Schleiereulen, Steinkauze und Dachse über die schlafende Tierwelt wachen. Vor einigen hundert Jahren sollen hier auch Bären und Wölfe nach geeigneter Beute gejagt haben.

In den Gewässern leben neben den Fischen Biber, Fischotter und Bisamratten oder an der Ostseeküste die sehr seltenen Graurobben.

Über 200 Vogelarten zwitschern im Wald und in der Buschlandschaft, Enten watscheln und brüten im Schilf und die Möwen überfliegen den weißen Küstenstrand, sie halten Ausschau nach den Tausenden von Zugvögeln, die hier regelmäßig rasten.

Am Domyslow-See übertrumpfen Schönheiten wie die GelbeTeichrose oder die weiße Seerose viele andere Wasserpflanzen.

Wellengepeitschte Dünen formten Klippen, an deren Sonnenseite allerlei Gebüsch, Kräuter und auch Kiefern wachsen; aus Sand und Kies geformte Moränen-Hügelzüge bilden abrupte Steilwände. Es gibt drei Gipfel: der höchste, *Grzywacz,* liegt 115 m ü.M., unmittelbar an der Meeresküste erhebt sich der *Gosań* 95 m ü.M., und der Hügelzug *Góra* überragt das Stettiner Haff um 90 m ü.M.

In den Lichtungen des Buchenwaldes gedeihen in geschützten Lagen des kargen Bodens wegen Orchideen, z.B. der »Gelbe Frauenschuh«!

Kurz bevor die Swine (Świna) bei **Świnoujście** (Swinemünde) in die Ostsee fließt (davon wurde auch der Ortsname abgeleitet), teilt der mittlere Mündungsarm des Stettiner Haffs die Stadt und vereint sich danach entlang der Ostmole mit der Ostsee. Der 1 km lange, in die Ostsee hinausgebaute, bogenförmige Damm ist eine wasserbautechnische Glanzleistung aus dem 19. Jh. Auf der Spitze der Westmole seht die weiße Mühlebake, ein Leuchtturm und gleichzeitig das Wahrzeichen des Hafens von Swinemünde. Ein Spaziergang bis zum Turm ist ein besonderes Gefühl, fast meint man, über gurgelnden Wellen zu gehen.

Der kleinere Stadtteil Warzow liegt im Osten, noch auf der Insel Wolin und im Westen, bereits auf der Insel Usedom, wohnt die Mehrzahl der über 40 000 Einwohner der Stadt. Es gibt keine Brücke, eine Fähre verbindet die zwei Ufer. Einheimischen und Urlaubern bleiben entlang der Ostseeküste kilometerlange breite Sandstrände als Erholungsgebiet.

Von diesem weißen Küstenband war schon zu Beginn des 19. Jh. der preußische König Friedrich Wilhelm III. sehr angetan. Er machte aus der Stadt ein mondänes Seebad mit Kuranlagen, Promenaden und eleganten Residenzen. 1824 wurde die erste Badesaison eröffnet, schicke Gäste aus Berlin ließen nicht lange auf sich warten. Noch vor dem Ende des Jahrhunderts bekämpfte man mit dem Bau der »Kaiserfahrt«, dem heutigen **Piastowski-Kanal**, der drohenden Versandung und schuf damit eine sinnvolle Verbindung mit dem Stettiner Haff. Der Bau, eine technische Pionierleistung, ist mit seinem regen Schiffsverkehr neben der Fischverarbeitungsindustrie und dem zunehmenden Tourismus ebenfalls ein wichtiger Wirschaftsträger der Stadt.

Bernstein

Das »Gold des Nordens« faszinierte die Menschen seit alters durch seine unglaubliche Vielfalt. Zuweilen enthält das vor 45–50 Millionen Jahren entstandene Harz auch Einschlüsse (sogenannte Inklusen) von Pflanzen, Insekten und manchmal sogar von kleinen Tieren. Seit die Ostsee das Küstengebiet überschwemmte, spülen ihre Fluten aus den Tiefen des Meeres den Bernstein an die Küste. Die Griechen und später die Römer scheuten keine Kosten, um das edle Gut auf der »Bernsteinstraße« heranschaffen zu lassen. In der Renaissance war man von den Heilkräften des Bernsteins bei Erkältungen, Epilepsie und Unfruchtbarkeit überzeugt.

Die Ostseeküste

**VON USEDOM
NACH RÜGEN,
HIDDENSEE UND
ZINGST**

Der Eiszeit sei Dank

Noch vor 20 000 Jahren bot das Gebiet südlich der heutigen Ostsee ein äußerst frostiges Bild: Ein mächtiger Inlandeispanzer hatte sich von Skandinavien her in die Tiefebene Nord-Mitteleuropas gewälzt und schleppte während dieser letzten Eiszeit Abermillionen Tonnen von Gesteinsschutt heran. Als sich das Klima langsam erwärmte, flossen riesige Ströme den abschmelzenden Eisrändern entlang westwärts Richtung Atlantik. Diese »Urstromtäler« bilden auch heute noch Leitlinien für viele Flüsse und eignen sich zudem vorzüglich zum Bau von Kanälen.

Schließlich wich das Eis ganz aus Mitteleuropa, und zum Vorschein kam – vor gut 10 000 Jahren – die Ostsee. Dadurch und mit dem Versiegen der Schmelzwasserflut veränderte sich das Gewässernetz; es orientierte sich nordwärts zum neuen Meer hin, wovon u. a. der große deutsch-polnische Grenzfluss Oder zeugt.

Im Gebiet von Mecklenburg-Vorpommern und bis hinunter nach Brandenburg hinterließen die Gletscher Stauch- bzw. Endmoränen, mäßig steile, meist bewaldete Hügel von bis zu 200 m Höhe. Manchmal schob der ungeheure Eisdruck auch ältere Gesteinsschichten an die Oberfläche wie beispielsweise die berühmten Kreidefelsen von Rügen. Größtenteils entstand jedoch eine sanft hügelige Grundmoränenlandschaft, auf der sich nun Ackerland erstreckt: sandig, mit Steinen durchsetzt, darunter sogar tonnenschwere Findlinge. Mischwald gedieh in den Moränengebieten, Erlen wurden in den sumpfigen Auwäldern der Urstromtäler heimisch. Auwiesen und Felder sind alljährlich Rastplatz von riesigen Zugvogelscharen aus Nord- und Osteuropa. Kraniche, Kormorane, Störche und Gänse lassen sich hier nieder, ständige Bewohner sind See- und Fischadler sowie Höckerschwäne. Auch die Flora wartet mit Raritäten auf, von wilden Orchideen auf der Mecklenburger Seenplatte bis hin zum Sanddorn an der Küste.

Die beiden Bundesländer Brandenburg und Mecklenburg-Vorpommern sind reich an Naturschutzgebieten und Nationalparks und haben die geringste Einwohnerdichte Deutschlands. Land- und Forstwirtschaft sowie prachtvolle Strände entlang der Ostsee prägen das landschaftlich sehr ähnliche Nordost-Deutschland und Nordwest-Polen, deren Geschichte seit Jahrhunderten miteinander verflochten ist.

GESCHICHTLICHER ÜBERBLICK

Frühzeit–9. Jh. n. Chr.
Jäger und Fischer folgen dem Gletscherrückzug nordwärts. Feuerstein-Werkzeug belegt die »Lietzow-Kultur« auf Rügen. Es siedeln sich hier Germanen an, die bei der Völkerwanderung weiterziehen. Westslawische Wenden leben jahrhundertelang ungestört im fast siedlungsleeren Raum.

10.–14. Jh.
Christianisierungsversuche des deutschen Kaisers Otto I. scheitern. Deutsche Herrscher unterwerfen und christianisieren die Wenden, Dänen die Ranen auf Rügen; einige getaufte Fürsten erhalten Land als Lehen. Mecklenburg und Pommern gehören ab 1181 zum Deutschen Reich; Siedler kommen, zahlreiche Städte entstehen. Ende 13. Jh. gründen Greifswald, Wismar, Lübeck, Rostock und Stralsund die »Wendische Hanse« mit gemeinsamer Währung (ab 1379). Nach Aussterben der Ranenfürsten fällt Rügen 1325 an Pommern. Der Stralsunder Frieden beendet 1370 den Krieg zwischen Dänemark und der Hanse, die nun die Vorherrschaft über die Ostsee hat.

15.–19. Jh.
Pommern und Mecklenburg werden protestantisch und Mitte des 16. Jh. in Mecklenburg-Schwerin und Mecklenburg-Strelitz, bzw. Pommern-Wolgast und Pommern-Stettin aufgeteilt. Im Dreißigjährigen Krieg endet die Macht der Hanse; Rügen, Vorpommern und andere Küstengebiete fallen an Schweden, Hinterpommern an Brandenburg. Napoleon nimmt das Gebiet 1806 ein. der Wiener Kongress verleibt 1815 Vorpommern mit Preußen. 1848/49 scheitert der Bauernaufstand. 1871 kommen Mecklenburg und Preußen zum neuen »Deutschen Reich«.

20.–21. Jh.
1934 werden die beiden mecklenburgischen Staaten zum Land Mecklenburg vereint. Nach dem 2. Weltkrieg wird die Oder-Neiße-Linie Polens Westgrenze, Polen erhält Swinemünde, Deutschland Stettin. Die sowjetischen Machthaber übergeben letzteres unter Bruch des Potsdamer Abkommens an Polen: Die Deutschen werden vertrieben, Polen siedeln an. Die DDR teilt das neue geschaffene Mecklenburg-Vorpommern in Schwerin, Rostock und Neubrandenburg. Die Wiedervereinigung Deutschlands schafft 1990 die neuen Bundesländer Mecklenburg-Vorpommern und Brandenburg. 2007 schafft die Rügenbrücke eine zweite Verbindung über den Strelasund. Die UBB-Usedomer Bäder Bahn wird 2008 über die EU Binnengrenze bis nach Swinemünde verlängert, die südliche Bahnanbindung der Insel wird 2013 für den Bundesverkehrswegeplan 2015 angemeldet. Europas längste Strandpromenade führt seit 2011 von Bansin ebenfalls über die deutsch-polnische Grenze bis nach Swinemünde.

Am Peenestrom

Noch sind wir im Oderhaff, nach dem östlichen Mündungsarm der **Dievenów** (Dziwna), dem Kanal der **Swine** (Świna) bleibt zur Entdeckung noch der linke Mündungsarm, der **Peenestrom**, der westlich um Usedom herum in Richtung der Ostsee und Ostseeküste fließt.

Das Stettiner Haff (Oderhaff) wird außer von der Oder von weiteren Flüssen gespeist, deutscherseits vor allem von Uecker und Peene. Der in Brandenburg Ucker genannte Fluss windet sich als Uecker im vorpommerschen Gebiet durch die flache Ueckermünder Heide. Das stille Städtchen **Ueckermünde** mit Hafenspeichern, Herzogsschloss, Fachwerkhäusern und Parkanlagen wird von Seglern besucht.

Am südwestlichen Ufer der Insel Usedom stehen die Überreste der **Eisenbahn-Hubbrücke von Karnin**. Der in den 1930er-Jahren gebaute 600 m lange Übergang der Berlin-Swinemünder Linie konnte den Mittelteil absenken, sobald ein Zug die Strecke passierte; ansonsten fuhren Schiffe ungestört unter dem hochgezogenen Stahlklotz durch. Die deutsche Wehrmacht zerstörte den Bau 1945. Die Kampagne »Berlin-Usedom in zwei Stunden« bemüht sich seit 2010 um die Wiederherstellung der Bahnverbindung.

Weiter nördlich mündet die **Peene** von Westen her in den Peenestrom. Über die weite Fluss-Aue erkennt man in 10 km Entfernung die Silhouette der alten Hansestadt Anklam. Ihrem berühmtesten Sohn, dem Flugpionier Otto Lilienthal, widmet sie ein lehrreiches Museum. Nach der Straßenbrücke von Zecherin, die Usedom mit dem Festland verbindet, erscheint der Peenestrom durch die großen Buchten (Achterwasser, Krummer Wiek) seitens der Insel Usedom auf mehreren Kilometer wie ein See. Auf der kleinen nördlichen **Halbinsel Gnitz** liegt am Durchgang zum Achterwasser der kleine Ort **Lütow**, dieser gehört bereits zur Insel Usedom wie übrigens die an der nördlichen Bucht gelegene Gemeinde **Krummin**.

Der Peenestrom verengt sich erst wieder bei **Wolgast**, das schon ab dem 12. Jh. Ausgangspunkt für einen regen Schiffsverkehr ins Hinterland und auf der Oder war. Kein Wunder, dass sich Slawen, Dänen und Deutsche diesen Platz streitig machten.

Streit war auch an der Tagesordnung in der Familie der Herzöge von Pommern, die sich im 16. Jh. in die Linien Pommern-Stettin (Hinterpommern) und Pommern-Wolgast (Vorpommern) teilte. Letztere lebten in

Die Klappbrücke von Wolgast ist eine der beiden Verbindungen, die vom Festland zur Insel Usedom führen.

ihrer prächtigen, später zerstörten Residenz auf der Wolgaster Schlossinsel. Die frühere Hansestadt geriet nach der Blüte im 17. Jh. für lange Zeit in Vergessenheit.

Vom Turm der spätgotischen Petrikirche schweift der Blick über die Altstadt, das Festland und die Insel Usedom. Das Geburtshaus des Malers Philipp Otto Runge (1777–1810) steht beim Kornspeicher am Hafen. Im Museum »Kaffeemühle« erfährt man allerlei interessantes über Wolgast und Umgebung, vielleicht gibt dies Ansporn für eine »Moorwanderung« ins Peenetal, durch den gleichnamigen Naturpark.

Die wuchtige, königsblaue Klappbrücke wurde im Jahr 2000 in Betrieb genommen, sie wurde sowohl für den Eisenbahn- als auch den Autoverkehr gebaut. Sie wird von 45-k-W Motoren betrieben, ist 19 m breit und 42 m lang, wobei für die Schiffsdurchfahrt 30 m Breite zur Verfügung stehen und die Länge der gesamten Anlage 247 m misst. Die leuchtende Farbe ist nicht von ungefähr, der 2300 Tonnen schwere Stahlbau soll auch bei nebligem Wetter gut sichtbar sein.

Küstenfahrt nach Norden

Bodden nennt man eine durch Landzungen vom offenen Meer abgegrenzte Wasserfläche. So auch den 514 km² großen **Greifswalder Bodden**, welchen das Schiff nach Verlassen des Peenestroms entlang fährt.

Lubmin an der Boddenküste ist für sein stillgelegtes Kernkraftwerk bekannt. Hier endet die **Nord Stream Pipeline** (auch Ostseepipeline), die seit 2012 Erdöl vom russischen Vyborg durch die Ostsee hierher befördert.

Der schmale Fluss Ryck mündet 5 km östlich vom Stadthafen Greifswald beim denkmalgeschützten Fischerdorf **Wieck** in die See. Für Boote, die flussaufwärts wollen, wird die malerische hölzerne Klappbrücke noch von Hand betätigt.

Greifswald

Caspar David Friedrich (1774–1840) hat seiner Geburtsstadt **Greifswald** mit dem Gemälde *Wiesen bei Greifswald* ein bleibendes Denkmal gesetzt. Auch den heutigen Betrachtern fallen in der tischebenen grünen Landschaft die drei Türme der mittelalterlichen Kirchen schon von Weitem auf; die **Marienkirche**, kantig und gedrungen, schlank, elegant und hoch der **Dom St. Nikolai**, und etwas bescheidener die **Jakobikirche** im Westen.

Die frühere Hansestadt liegt südlich einer Furt über den Ryck und in der Nähe von Wiesen mit salzigem Quellwasser, das früher von den Mönchen des 1199 gegründeten **Zisterzienserklosters Eldena** genutzt wurde. Der Ort erhielt bereits 1250 das Stadtrecht und 1264 einen Mauerring mit vier Toren, der außer den drei Kirchen auch zwei Klöster, ein Hospital und zahlreiche Bürgerhäuser umschloss. Im einstigen Franziskanerkloster, ergänzt durch moderne Architektur, residiert heute das **Pommersche Landesmuseum**.

Handelsherr und Bürgermeister Heinrich Rubenow überzeugte 1456 Pommernherzog Wartislaw IX. von der Errichtung einer **Universität** – eine Art Konkurrenzunternehmen zu der 1419 in Rostock (Mecklenburg) gegründeten Alma Mater. Das heutige Hauptgebäude der Hochschule stammt von 1750, der Zeit der schwedischen Herrschaft. Greifswald konnte 1945 sein historisches Stadtbild dadurch retten, dass es sich der herannahenden Roten Armee kampflos ergab. Die russische Kommandantur nahm Quartier in einem gotischen Backsteinhaus mit Schmuckgiebel am **Markt**, gegenüber dem Rathaus. Auch später blieb der Charakter des Universitätsstädtchens bewahrt.

Der Eingang des Ozeaneum führt unter anderem zu Aquarien aber auch zu den Humboldt-Pinguinen, die zuoberst auf der Dachterrasse wohnen.

Durch den Strelasund

Zurück auf dem Greifswalder Bodden, in Richtung Norden, vorbei an der Insel Koos wird die zusehend schmaler werdende Wasserfläche zum Strelasund, dem 25 km langen Meeresarm, der die Insel Rügen vom Festland abschneidet und nur bei Stralsund von zwei Brücken überquert wird, bevor er nördlich von Parow den »Kubitzer Bodden« erreicht. Vielleicht kreuzen Sie auf der Höhe von Reinberg die Fähre, die das kleine Küstendorf Stahbrode mit Gelwitz auf Rügen verbindet.

Stralsund

Die Hansestadt Stralsund, Bündnismitglied der Hanse mit großem Einfluss, ist Vorpommerns bedeutendste und größte Stadt. Die nur 1,5 km entfernte Insel Rügen schützt seit jeher den Hafen und war stets der Hansestadt auch politisch verbunden: 1234 erhielt der Ort Stadtrechte vom slawischen Fürstenhaus der Ranen auf Rügen, kam 1325 in den Besitz der Pommern-Herzöge, 1648–1815 unter schwedische Herrschaft, danach unter preußische. Erhebliche Zerstörungen im 2. Weltkrieg und nachfolgend jahrzehntelange

Abstecher nach Usedom

Bevor Sie die Küste entlang fahren, sollten Sie dem Städtchen **Usedom** einen Besuch abstatten, schließlich trägt die Insel seinen Namen. Geschichte schrieb der pommersche Herzog Wartislaw I. als er sich hier an Pfingsten 1128 zum christlichen Glauben bekehrte. Einziger Überrest der mittelalterlichen Stadtbefestigung ist das spätgotische Anklamer Tor, und Teile des Mauerwerks der Marienkirche aus dem 15. Jh bestehen noch.

Bis an die Ostseeküste sind es knappe 30 Straßenkilometer, bei klarem Wetter kann man kurz vor Ahlbeck im Osten die Stadt Swinemünde erkennen, mit etwas Glück sogar die Steilufer der Insel Wolin. Sie waren noch nie in **Ahlbeck**, und trotzdem scheint Ihnen der Ort vertraut? Das Bild der Ahlbecker Seebrücke ist der Grund, es ist weltbekannt und gilt als Wahrzeichen von Deutschlands Ostseeküste. Nicht umsonst, dieser Bau von 1899 ist der Einzige in den Bädern entlang der Küste, welcher nach mehreren gründlichen Renovationen und Austausch von Pfählen noch originalgetreu und majestätisch da steht und immer wieder fasziniert.

Heringsdorf, dem der deutsche Kaiser höchstpersönlich 1879 den begehrten Titel »Seebad« verlieh, trägt seit 2006 den Namen **Ostseebad Heringsdorf** und verwaltet den Zusammenschluss von Ahlbeck und Bansin als die **Gemeinde Dreikönigsbäder**. Gern lassen sich die Drei als »Kaiserbäder« titulieren, sie sind

heute nicht mehr nur die »Badewanne Berlins«, sondern durch zahlreiche Flugverbindungen auch für entferntere Feriengäste erreichbar. Das Ortsbild der Gründerzeit ist in **Bansin** teils noch erhalten und bietet Natur in der waldigen Umgebung.

Dörfer im Hinterland sind gute Ausgangsorte zur Erkundung der Insel, zu Fuß, mit dem Rad oder der Bäderbahn, die bis nach Świnoujście verlängert worden ist. Abstecher über die EU-Binnengrenze nach Polen sind beliebt und bieten sich hier geradezu an.

Der Höhepunkt von Usedom ist jedoch der helle **Sandstrand** entlang der Küste, der sich fast ununterbrochen über 42 km von der polnischen Grenze bis nach Karlshagen erstreckt. Nebst Badespaß können Nordic Walker und Jogger einen ganzen Marathon zurücklegen, Surfer und Segler den Küstenwind einfangen, andere am Strand faulenzen.

Koserow und Zempin bieten familiäres Ambiente. Sie werden im Osten von der See und im Westen vom schilfumstandenen Achterwasser umschlossen, der flachen, buchtenreichen »Rückseite« Usedoms. Die Gewässer liegen an der schmalsten Stelle nur 300 m auseinander.

Auf dem lang gezogenen Hügelrücken hinter dem Strand lässt sich gut durch Buchenmischwald wandern. Von dort erblickt man auf der Pommerschen Bucht Frachtschiffe, große Fähren aus Dänemark oder Schweden, Fischerboote und Segelschiffe.

Zinnowitz ist das größte Seebad der Region und rühmt sich vieler Sonnentage. Übrigens nennt sich Usedom auch Sonneninsel. Von hier führt die Straße entweder auf das Festland nach Wolgast oder nach den nördlich gelegenen **Karlshagen** und **Peenemünde**. Makabrer Besuchermagnet ist die Heeresversuchsanstalt der Nazis in Peenemünde, wo Wernher von Braun die V-Raketen entwickelte. Das Historisch-Technische Informationszentrum auf dem frühreren Militärgelände zeigt Bomber und Raketen.

Verwahrlosung des historischen Zentrums werden seit der Wiedervereinigung in mühevoller Arbeit beseitigt, um die alte Größe ins rechte Licht zu rücken. Die Altstadt wurde 2002 in die Liste des UNESCO-Weltkulturerbes aufgenommen.

Von den einst zehn Stadttoren sind das Kütertor und das **Knieper Tor** erhalten, von dem man zum Alten Markt gelangt. Hier steht das **Rathaus** mit seiner berühmten filigranen Backsteinfassade von 1380. Es war ursprünglich eine Art Markthalle, die überdachte Innenhof-Passage ist öffentlich. Ihr Südausgang führt zur modern gestalteten Fußgängerzone, der Ostausgang mit wenigen Schritten zur doppeltürmigen **Nikolaikirche** (1270). Sie diente nicht nur kirchlichen Zeremonien, sondern den hansischen Kaufleuten auch zum Abschluss von Verträgen. Ihr Wohlstand spiegelt sich in der kostbaren Innenausstattung wider.

Demgegenüber wirken die lange vernachlässigte **Jakobikirche** und selbst der riesige Bau der **Marienkirche** eher schlicht. Vom spätgotischen Turm der Marienkirche (345 Stufen) genießt man einen unvergleichlichen Ausblick auf Stadt, Meer, Rügen und Hiddensee.

Zwei Abteien aus der Mitte des 13. Jh. erhielten im 20. Jh. neue Funktionen: Das **Johanniskloster** wurde zum Stadtarchiv umgewandelt, das Katharinenkloster beherbergt das **Kulturhistorische Museum**. Darüber hinaus ist hier das **Meeresmuseum** beheimatet, eines von vier Museen des Deutschen Meeresmuseums, zu denen darüber hinaus das in einem futuristischen Gebäude im Hafen untergebrachte **Ozeaneum**, das **Nautineum** auf der Insel »Kleiner Dänholm« (zwischen der Stadt und Rügen) sowie das **Natureum** gehören, das rund 50 km entfernt auf der Halbinsel Fischland-Darß-Zingst liegt.

Halbinsel Fischland-Darß-Zingst

Der Leuchtturm von **Prerow**, 53 km nordwestlich von Stralsund und nur 10 km von Zingst, bildet das Tor zum östlichen Teil der »Fischland-Darß-Zingst« Halbinselkette sowie zum Nationalpark Vorpommersche Boddenlandschaft. Im Ort informiert das **Darß-Museum** über Geschichte, Geologie sowie Flora und Fauna der Halbinsel. In der **Seemannskirche** von 1728 finden neben Gottesdiensten wechselnde Ausstellungen statt.

Das Ostseeheilbad **Zingst** bietet mit kilometerlangen Rad- und Wanderwegen eine natürliche Wellness-Oase unter freiem Himmel.

Stolz wacht der Leuchtturm über »Dornbusch« auf der Insel Hiddensee.

Nationalpark Vorpommersche Boddenlandschaft

Der Nationalpark Vorpommersche Boddenlandschaft ist mit einer Fläche von über 780 km² der größte Nationalpark Mecklenburg-Vorpommerns und der drittgrößte Deutschlands. Seine Gründung 1990 erfolgte mit dem Ziel, die hier vorhandene Fauna und Flora, wie etwa die regionaltypischen Salzgrasländer und Küstenmoore, zu schützen sowie für den Erhalt der Küstenveränderungen zu sorgen. Der Park wird zur riesigen Freilichtbühne, wenn tausende von Kranichen zu den Zugzeiten hier rasten.

Insel Hiddensee

Das nur wenige hundert Meter breite, aber dafür 17 km lange und autofreie Eiland gilt als eines der wichtigsten Tourismusgebiete des Landes Mecklenburg-Vorpommern.

Den Inselsüden machen viele Kilometer Dünen, Waldstreifen und Sümpfe des **Gellen** aus; sein gesperrter Südzipfel gehört ebenfalls zum Nationalpark Vorpommersche Boddenlandschaft. Dünen, Kiefernwald und Heide bieten Naturgenuss im Mittelteil der Insel, der Norden gipfelt in dem bis 72 m hohen **Dornbusch**, einem Mischwald- und Wiesengebiet und einem

Abstecher nach Rügen

Obschon der Rügen-Tourismus bereits um 1810 einsetzte, entstand erst 1936 mit dem 2450 m langen Rügendamm ab Stralsund eine feste Zufahrt auf die größte Insel Deutschlands. Seit Herbst 2007 schwingt sich daneben die neue dreispurige Hochbrücke durch die Luft und vermeidet so lange Staus der anreisenden Touristen.

Südliches Rügen

Nur 30 km sind es bis zur Hauptstadt **Bergen** in der Inselmitte, 40 km zur Hiddensee-Fähre nach **Schaprode** oder 45 km bis Binz, dem ersten und beliebtestem Ostseebad im Südosten, und noch gute 51 km zu den Ostsee-Fähren von **Sassnitz** im Nordosten.

Aus der Ebene im stillen Süden der Insel ragt der baumbestandene Ringwall von **Garz** heraus. Hierbei handelt es sich um Überreste einer Burgfeste der slawischen Ranenfürsten.

Die Deutsche Alleenstraße führt ostwärts nach **Putbus** und zum »Circus«. Dieses weitläufige, von weißen klassizistischen Bauten umgebene Rondell mit einem Obelisken in der Mitte ist das auffälligste Überbleibsel der ehrgeizigen Residenzstadt-Pläne des Fürsten Wilhelm Malte I. von Putbus.

In **Lauterbach**, einem verträumten Küstenort mit Blick auf die naturgeschützte **Insel Vilm**, baute der Fürst ein elegantes Badehaus für die Kurgäste. Mit Sandstränden kann der Abschnitt allerdings nicht aufwarten, diese findet man weiter östlich. Dorthin zuckelt von Putbus mehrmals täglich der *Rasende Roland*, ein nostalgischer Schmalspur-Dampfzug. In einer Stunde schafft er die 24 km durch Wiesen, Hügel und den dichten Wald der **Granitz**, aus dem das **Jagdschloss Granitz** des Fürsten herausragt (mit Museum und Aussichtsturm). Der Zug hält an den Bahnhöfen der Seebäder **Binz**, **Sellin**, **Baabe** und **Göhren**. Wer Ruhe sucht, wandert von hier weiter in das **Mönchgut**, den Südostzipfel der Insel bis nach **Thiessow**.

Nördliches Rügen

Rund 50 km lang und 40 km breit, besitzt Rügen wegen seiner äußerst zerklüfteten Küste eine Uferlänge von fast 600 km. Ursprünglich handelte es sich um einzelne Inseln, die im Laufe mehrerer Jahrhunderte durch von der Meeresströmung herangeführten Sand und abgelagertes Geschiebe zusammengekittet wurden. Dies ist besonders gut an der Nordostküste zu sehen: **Wittow**, das nördlichste Eiland, wuchs durch die Nehrung **Schaabe** mit der **Insel Jasmund** zusammen, diese wiederum verband sich durch die **Schmale Heide** mit den südöstlichen Inselteilen.

Auf Wittow ist das Dorf **Breege** mit seinem Hafen an der geschützten schilfbestandenen Hinterlandbucht ein gutes Beispiel für das Doppelgesicht von Rügens Küste. Der Ortsteil **Juliusruh** liegt hingegen an der Ostseite der Schaabe, der **Tromper Wiek** (Wiek heißt Bucht) entlang, und ist mit ihrem gut 10 km langen Sandstrand und Dünen dem starken Wind und den Wellen der hohen See ausgesetzt. Zu Fuß oder mit einer kleinen Bahn kommt man zum **Kap Arkona**, Rügens Nordspitze mit ihren beiden markanten Leuchttürmen (der ältere ist von K. F. Schinkel aus dem Jahre 1827). Südlich davon erklimmen Touristenscharen den Rest des Ringwalls der 1168 von den Dänen und seither von den Naturkräften zerstörten slawischen **Jaromarsburg**. Weiter geht es zum winzigen Hafen des malerischen Dörfchens **Vitt** hinunter. In der weiß getünchten Uferkapelle (1816) hielt Pastor Kosegarten seine berühmten Predigten für die Fischer. Diese nahmen sich keine Zeit, die Hauptkirche, eine schöne romanische Basilika aus dem 13. Jh. im 7 km entfernten **Altenkirchen**, zu besuchen.

Die bekannteste Attraktion auf **Jasmund** ist der 118 m hohe Kreidefelsen **Königsstuhl** unmittelbar am Rand des Buchenwalds der **Stubnitz**. Imposant ist die knapp 10 km lange Wanderung auf dem zum **Nationalpark Jasmund** gehörenden Hochuferweg, entlang der steilen, mit Feuersteinknollen durchsetzten Kreideküste bis nach Sassnitz. Der Park weist eine Fläche von 3100 ha auf, wovon 700 ha von Wasserflächen eingenommen sind. **Sassnitz**, die zweitgrößte Stadt Rügens, ist heute eher als Hafen für die Skandinavien-Fähren denn als Badeort von Bedeutung.

Der Eisenbahn-Fährhafen **Neu-Mukran** wurde zu DDR-Zeiten für den Handelsverkehr ins Baltikum geschaffen. Die nahen Feuersteinfelder lieferten der »Lietzow-Kultur« das Ausgangsmaterial; Archäologen fanden in **Lietzow** Spuren von Produktionsstätten für Werkzeuge aus Feuerstein – Rügens Exportschlager in der Steinzeit.

Am 10 km langen Strand der **Schmalen Heide** versucht man, die in der Nazizeit errichtete, aber nie vollendete gigantische Beton-Feriensiedlung von **Prora** neuen Nutzungen zuzuführen. Im **Dokumentationszentrum** Prora reflektiert die Dauerausstellung »MACHTUrlaub« deren Geschichte.

dekorativen Leuchtturm. Auf der Insel befinden sich lediglich vier Ortschaften:

Grieben ganz im Norden ist der älteste und kleinste Ort der Insel. Er wurde bereits 1297 erstmals urkundlich erwähnt.

Kloster, ebenfalls im Norden, erhielt seinen Namen von einer Zisterzienserabtei (1296), von der nichts übrig geblieben ist. Bereits zu Beginn des 20. Jh. hatte sich der Ort zum beliebten Künstlertreff entwickelt: Thomas Mann, Bertolt Brecht, Albert Einstein, Asta Nielsen, Käthe Kruse – sie alle waren hier Gäste, wobei Gerhart Hauptmann für Hiddensee am bedeutendsten war. Der Grabstein des Dramatikers steht auf dem Friedhof neben der **Inselkirche** aus dem 14. Jh. Hauptmanns Sommervilla, **Haus Seedorn**, ist heute eine Gedenkstätte und kann besichtigt werden.

Dritter und größter Ort ist das nur 2 km entfernte **Vitte** im Inselzentrum, in dem sich alle wichtigen Einrichtungen (Ärzte, Besucherinformationszentrum, Polizeistation, Post) befinden. Weiter südlich liegt **Neuendorf**. Hier machte eine Fischersfrau 1872 nach einem Sturm am Strand einen bedeutenden archäologischen Fund: aus dem 10. oder 11. Jh. stammenden Wikinger-Goldschmuck.

Regelmäßig verkehrende Fähren laufen die drei kleinen Häfen ab Stralsund oder Schaprode an – außer wenn die schmale und nicht sehr tiefe Fahrrinne in einem strengen Winter zugefroren ist. Die östlich vorgelagerte, nur rund 37 ha große **Fährinsel** gehört zu Hiddensee. Sie ist an manchen Stellen gerade nur um 120 m von Hiddensee getrennt. Heute ist Fährinsel ein Naturschutzgebiet und für die Öffentlichkeit nicht mehr zugänglich.

Nur auf Hiddensee

Der Inselstreifen kann es in Sachen Aktivurlaub mit jedem anderen Ferienort aufnehmen. Die beinahe autofreie Insel ist ein Paradies für Radfahrer und Ornithologen kommen kaum vom Fernglas weg. Wassersport, Reiten, Angeln, Wandern bringt Farbe in alle bleichen Gesichter. Sie möchten sich eher verwöhnen lassen? Wellness, Sauna, Ayurveda und Liegestühle gibt es auch hier. Sollten graue Wolken Regen bringen, bieten die Museen Geschichten über die Insel und bekannte Gäste oder z.B. auch über die Fischerei. Hiddensee vom Leuchtturm in Dornbusch bestaunen, oder am Hafenfest Kloster mitmachen? Auf so wenig km² bietet Hiddensee Erholung, Spaß und Abwechslung.

EIN BLICK IN DIE KÜCHE

Deutschland
Als kalte Vorspeisen empfehlen sich Hackepeter (Tatar) und in Salzwasser eingelegte Soleier, die mit Salz, Pfeffer, Paprika, Essig, Öl und Berliner Mostrich (Senf) gegessen werden.

Aus der Havel kommt guter Fisch. Probieren Sie z. B. Havelaal »grün« mit Dillsauce oder Havelzander mit Salzkartoffeln. Zu den Lieblingsspeisen der Berliner zählen auch Kartoffelpuffer – oft mit Apfelmus, doch *das* Leibgericht ist wohl seit je Eisbein mit Sauerkraut und Erbsenpüree. Auf Rügen ist im Frühling Hornfischzeit. Die auch als Hornhecht und fast nur hier bekannte Delikatesse wird oft gedünstet und mit Kartoffeln und Gemüse serviert.

Eine beliebte Süßspeise ist Rote Grütze aus Himbeeren, Kirschen und Johannisbeeren, meist mit Vanillesauce dazu – aber es darf auch Schwarzwälder Kirschtorte sein. Ein berühmtes Gebäck ist das mit Marmelade gefüllte, faustgroße Siedegebäck aus Hefeteig. In ganz Deutschland ist es als »Berliner« bekannt, nur in Berlin sucht man die Spezialität vergeblich unter diesem Namen, hier heißt es schlicht »Pfannkuchen«. Schorle, Weißwein mit Mineralwasser, ist ein ausgezeichneter Durstlöscher. Berühmter ist das Berliner Bier, auch Molle genannt: Bockbier oder Berliner Weiße mit Schuss (grünem oder rotem Sirup). Wer Weiße mit Strippe bestellt, möchte einen Kümmel (Allasch) dazu.

Polen
In diesen einst deutschen Gebieten wundert es einen nicht, wenn die Gerichte denen in Deutschland gleichen – mit einer Prise slawischer Kost. Gern gegessen werden Schinken, Schweine- und Kalbfleisch zu Kohl und Roter Beete, beliebt sind auch Gans, Ente und Kaninchen. Am Meer fehlen weder Fisch noch Schaltiere auf den Speisekarten.

Als Vorspeise ist Suppe beinahe unumgänglich, ob *barszcz* mit Roter Beete und verschiedenen Beilagen oder *grzybowa* aus Pilzen.

Leibspeisen sind auch *bigos*, Kohl mit Wurst oder geräuchertem Schweinefleisch, *golonka*, Schweinshaxe mit Meerrettichsauce, und *gołąbki*, würzige Kohlrouladen. Nicht zu verachten sind auch *kotlet schabowy* (Schweinskotelett), *bryzol* (Rostbraten), *flaki* (Kutteln) und *kołduny* (fleischgefüllte Klöße). Aus der Ostsee werden Lachs *(łosoś)* und Hering *(śledź)* serviert.

Bier *(piwo)* und Wodka sind die Nationalgetränke. Kaffee trinkt man in einem Café *(kawiarnia)*, jener Landesinstitution, wo sich Polen mit Freunden treffen oder Zeitung lesen; und dort gibt es auch den besten Kuchen.

EINKAUFSBUMMEL

Deutschland

Berlin. Das Shoppingparadies mit vielen exklusiven Einkaufszentren und Kaufhäusern. Die besten Adressen sind Ku'damm und Tauentzienstraße (mit dem KaDeWe) sowie Friedrichstraße, Unter den Linden und die Ladenarkaden am Potsdamer Platz.

Hier einige Ideen: Elektrogeräte im Bauhaus-Stil; elegantes Tafelgeschirr; Tisch- oder Bettwäsche in »altmodischer« Qualität; Zinnsoldaten, Spielzeug-Eisenbahnen, Kuscheltiere… Kitsch und Souvenirs: Bierkrüge, preußische Pickelhauben, Mützen, Abzeichen und Uniformteile von Volks- und Roter Armee, »garantiert echte« Stücke der Berliner Mauer. An Wochenenden laden Flohmärkte in Schöneberg, am Fehrbelliner, am Akona- oder am Boxhagener Platz – um nur einige zu nennen – zum Stöbern und Feilschen unter freien Himmel ein.

Ostseeküste. Entlang der Küste finden Sie sportliche Kleidung, vielleicht dank der großen Auswahl endlich den passenden Badeanzug oder Kopfbedeckung, die auch bei starkem Wind fest sitzt. Feuersteine aus Rügen, Hühnergötter (gelochte Steine) sind Glücksbringer und können für Halsketten gebraucht werden. Die Rügener Heilkreide wirkt Wunder und ist ein beliebtes Mitbringsel.

Polen

Größere Städte. Für die Geschäfte von »Cepelia« (Zentrale für Volkskunst und Kunstgewerbe) stellt eine ganze Reihe von Heimarbeitern zur Förderung von bescheidenen Gehaltserhöhungen allerlei erstklassige Erzeugnisse her – von handgewebten Teppichen mit Blumen- und Tiermotiven, feinst gekleideten Puppen, Stickereien und Spitzen, prächtige und farbenfrohe Trachten bis zum dicken Wollpullover und Pantoffeln finden Sie alles, aber überprüfen und vergleichen Sie immer die Preisschilder. Kunstmaler bieten Ikonen vielleicht an der Straßenecke an, sonst auf den Marktplätzen der Städte; hochwertigere Bilder gibt es eher in Galerien.

Man findet auch Keramikhandwerk mit einer großen Auswahl an Vasen, Schalen und Geschirr. Dazu kommt eher preiswertes Kristall in sämtlichen Formen.

Die polnischen Wälder liefern Holz, daraus werden nette Vogelhäuschen, Mobiles und Schachbretter, hübsch geschnitzte Stöcke und Figuren angefertigt.

Auch der Oder entlang. Schmuck aus Bernstein wird überall angeboten. Halsketten in jeder Länge, grob oder fein, Armreifen, Broschen und Glücksbringer. Eine Flasche polnischer Wodka freut jeden, der zu Hause bleiben musste; achten Sie auf eine transportgerechte Verpackung.

PRAKTISCHE HINWEISE

Banken in Polen. Schalterstunden sind in der Regel Montag bis Freitag 8–16 Uhr. Geld umtauschen kann man auch in privaten Wechselstuben *(kantor)*, in denen man abends länger und oft auch samstags bedient wird. Für den Bargeldbezug stehen auch Bankomaten zur Verfügung.

Geld. Der *złoty* (Zł oder PLN, ausgesprochen »swotti«) ist in 100 *groszy* (gr) unterteilt. Münzen: von 1 Grosz bis 5 Złotych; Scheine: von 10 bis 200 Złotych. Die Einführung des Euro ist frühestens 2014 vorgesehen. In Deutschland bezahlt man mit Euro und Cents.

Kleidung. Nehmen Sie für Ihre Reise sportliche und leichte Kleidung mit, aber unbedingt auch warme Windjacken für das Schiffsdeck. Der Badeanzug gehört auch in den Koffer, ebenso gutes Schuhwerk, Regen- und Sonnenschutz (Creme, Brille und Hut). Nehmen Sie ein Fernglas mit, damit können Sie am Flussufer viel mehr entdecken als mit bloßem Auge, und denken Sie an den Fotoapparat für unvergessliche Schnappschüsse unterwegs.

Klima. Es herrscht sowohl in Berlin und Brandenburg als auch in Stettin ein mitteleuropäisches Kontinentalklima mit Neigung zu gelegentlichen Sommergewittern. In Breslau kann es kühler sein. An der deutschen und polnischen Ostseeküste sind die Gewässer im Winter teilweise zugefroren, dadurch erwärmt sich das Küstengebiet im Frühjahr entsprechend später. Durch die sommerliche Erwärmung des Wassers bleiben die Lufttemperaturen aber im Herbst noch lange mild. An der Küste ist oft mit stärkerem Wind zu rechnen als im Binnenland.

Kreditkarten. Internationale Kreditkarten werden fast überall akzeptiert.

Toiletten Polen. Für Toiletten in Cafés und Restaurants bezahlt man fast immer eine Benutzungsgebühr. Öffentliche Toiletten (Museen, Bahnhöfe usw.) sind auch nicht kostenlos. Für Damen sind die Türen mit einem Kreis oder der Aufschrift *Damski* (oder *dla Pań*) gekennzeichnet, für Herren mit einem Dreieck oder der Aufschrift *Męski* (oder *dla Pánow*).

Trinkgeld. In den Restaurants und Bars ist sowohl in Deutschland als auch in Polen ein Bedienungsgeld in der Rechnung inbegriffen. Ein Trinkgeld von ca. 10% ist allerdings üblich.

REGISTER

DEUTSCHLAND
Berlin 3–15
Biosphärenreservat Schorfheide–Chorin 26
Dornbusch 57–60
Eberswalde 26
Eisenhüttenstadt 32
Frankfurt an der Oder 30
Gartz 40
Greifswald 52
Halbinsel Fischland-Darß-Zingst 56
Havel, Auf der 20–26
Havel-Oder-Wasserstraße »HOW« 22
Hiddensee, Insel 57–60
Hohensaaten 40
Lebus 30
Lübben/Lübbenau 31
Lubmin 52
Mescherin 40
Nationalpark / Naturpark
  Barnim 26
  Unteres Odertal 40, 41
  Vorpommersche Boddenlandschaft 57
Neuzelle 32
Niederfinow 24–25, 26
Oder, Die 27–46
  Verlauf – Hohensaaten bis zur Oderquelle 30–39
  Verlauf – Oderberg bis zur Ostsee (Mündung) 40–46
  Oderberg 40
  Oderbruch 30
  Oderhaff (Stettiner Haff) 44
  Oder-Havel-Kanal 22
  Oder-Spree-Kanal 32
Oranienburg 23–26
Peenestrom, Am 50–51
Potsdam 15–19
Prerow 56
Rügen, Insel 58–59
Schwedt 40
Spandau 20
Spreewald 31
Stralsund 53–56
Strelasund 53
Uckermark 40
Ueckermünde 50
Usedom, Insel 54–55
Wieck 52
Wolgast 50–51
Zingst 56

POLEN
Brzeg (Brieg) 39
Brzeg Dolny 36
Bytom Odrzański (Beuthen) 34
Cigacice (Odereck) 33
Głogów (Glogau) 34–35
Jelenia Góra (Hirschberg) 39
Kamień Pomorski (Cammin) 44
Karkonosze (Riesengebirge) 38–39
Kraków (Krakau) 39
Kostrzyn (Küstrin) 30
Legnica (Liegnitz) 35
Legnickie Pole (Wahlstatt) 35
Lubiąż (Leubus) 35–36
Nowa Sól (Neusalz) 34
Opole (Oppeln) 33
Ścinawa (Steinau) 35
Śnieżka (Schneekoppe) 39
Stettin (Szczecin) 42–43
Stettiner Haff 44
Słubice 30
Swinoujście (Swinemünde) 46
Szklarska Poręba (Schreiberhau) 39
Wolin (Wollin), Insel 44
Woliński Park Narodowy 45
Wrocław (Breslau) 36–38
Zalew Szczeciński (Stettiner Haff/Oderhaff) 44
Zielona Góra (Grünberg) 33

Redaktion
JPM Guides

Gestaltung
Matias Jolliet

Fotos
S. 1: istockphoto/Anagramm (Graugans im Flug);
S. 2: istockphoto/Witas (Bernstein), Alexandra Achermann (Ampelmännchen), Claude Hervé-Bazin (Musikant), istockphoto/Hanck (Naturparkschild), Huber (Felsen);
S. 3: hemis.fr/ Lescourret
S. 27: istockphoto/Krammisch
S. 47: Travel Pictures Ltd.

Kartografie
JPM Publikationen
Mathieu Germay

Copyright © 2014, 2010
JPM Publications S.A.
Avenue William-Fraisse 12
1006 Lausanne, Schweiz
information@jpmguides.com
http://www.jpmguides.com

Alle Rechte vorbehalten, insbesondere das Recht der Vervielfältigung und Verbreitung sowie der Übersetzung. Ohne schriftliche Genehmigung des Verlags ist es nicht gestattet, den Inhalt dieses Werkes oder Teile daraus auf elektronischem oder mechanischem Wege (Fotokopie, Mikrofilm, Ton- und Bildaufzeichnung, Speicherung auf Datenträger oder andere Verfahren) zu reproduzieren, zu vervielfältigen oder zu verbreiten. Alle Informationen sind sorgfältig überprüft worden, erfolgen aber ohne Gewähr. Der Verlag und sein Kunde übernehmen keinerlei Haftung für allfällige Fehler. Für Berichtigungen, Hinweise und Ergänzungen ist die Redaktion dankbar.

Printed in Germany
14525.02.15881
Ausgabe 2014